分県登山ガイド 32

岡山県の山

黒瀬大亮 編著

山と溪谷社

分県登山ガイド32 岡山県の山

目次

●本文地図主要凡例●

- 紹介するメインコース。
- 本文か脚注で紹介しているサブコース。一部、地図内でのみ紹介するコースもあります。
- Start Goal Start Goal 225m 出発点／終着点／出発点および終着点の標高数値
- 管理人在中の山小屋もしくは宿泊施設
- 紹介するコースのコースタイムのポイントとなる山頂。
- コースタイムのポイント。
- 管理人不在の山小屋もしくは避難小屋

倉吉市
三朝町
鳥取市
八頭町
鳥取県
⑬県立森林公園
⑭人形仙
⑮三ヶ上
⑯花知ヶ仙
⑰三十人ヶ仙
⑰天狗岩
⑫津黒山
⑪富栄山
⑪大空山
⑩三坂山
⑨櫃ヶ山
⑱角ヶ仙
⑲泉山
⑳黒沢山
㉑矢筈山
㉒山形仙
㉓駒の尾山
㉔船木山
㉔後山
㉕那岐山
㉖広戸仙
仏ヶ仙
雨乞山
滝山
氷ノ山
津黒高原荘
国民宿舎いつき
道の駅「奥津温泉」
奥津温泉
のとろ温泉 天空の湯
湯原IC
阿波温泉
あわくら温泉
愛の村パーク
若桜鉄道
若桜町
わかさ
用瀬IC
もちがせ
鳥取自動車道
智頭IC
智頭町
ちず
智頭南IC
道の駅「あわくらんど」
西粟倉IC
にしあわくら
西粟倉村
おおはら
大原IC
因美線
奈義町
兵庫県
鏡野町
津山市
津山IC
院庄IC
久世IC
中国自動車道
道の駅「久米の里」
落合IC
みまさかおちあい
勝央町
道の駅「彩菜茶屋」
美作IC
作東IC
佐用平福IC
佐用IC
佐用町
宍粟市
山崎IC
かつまだ
美作市
はやし
みまさかえみ
さよ
みかづき
つやま
かめのこう
美咲町
津山線
道の駅「醍醐の里」
岡山県
久米南町
ゆげ
道の駅「かもがわ円城」
道の駅「くめなん」
ふくわたり
㉟八塔寺山
智頭急行
播磨新宮IC
上郡町
たつの市
ほんたつの
竜野IC
太子町
あいおい
相生市
かみごおり
山陽本線
㊱佐伯天神山
鵜飼谷温泉
㊲神ノ上山
㊲和気富士
わけ
和気町
和気IC
備前IC
みつ
山陽新幹線
赤穂IC
道の駅「かよう」
旭川
吉井川
かながわ
赤磐市
くまやま
㊳本宮高倉山
岡山空港
山陽IC
せと
㊶熊山
備前市
㊵天狗山
赤穂線
ひなせ
赤穂市
㊴鬼ノ城山
㊷龍ノ口山
山陽自動車道
岡山総社IC
吉備線
岡山IC
おかやま
湯迫温泉
おく
道の駅「黒井山グリーンパーク」
総社市
㊹福山
㊸操山
さいだいじ
瀬戸内市
道の駅「一本松展望園」
家島
倉敷IC
くらしき
早島町
岡山市
倉敷市
ちゃやまち
怒塚山温泉
㊼怒塚山
㊼金甲山
びぜんかたおか
宇野線
水島IC
瀬戸中央自動車道
㊽十禅寺山
常山
瀬戸大橋線
道の駅「みやま公園」
玉野市
うの
豊島
小豆島
土庄町
小豆島町
こじま
㊾王子が岳
直島町
児島IC
香川県
瀬戸大橋
たかまつ
高松市

岡山県の山
全図

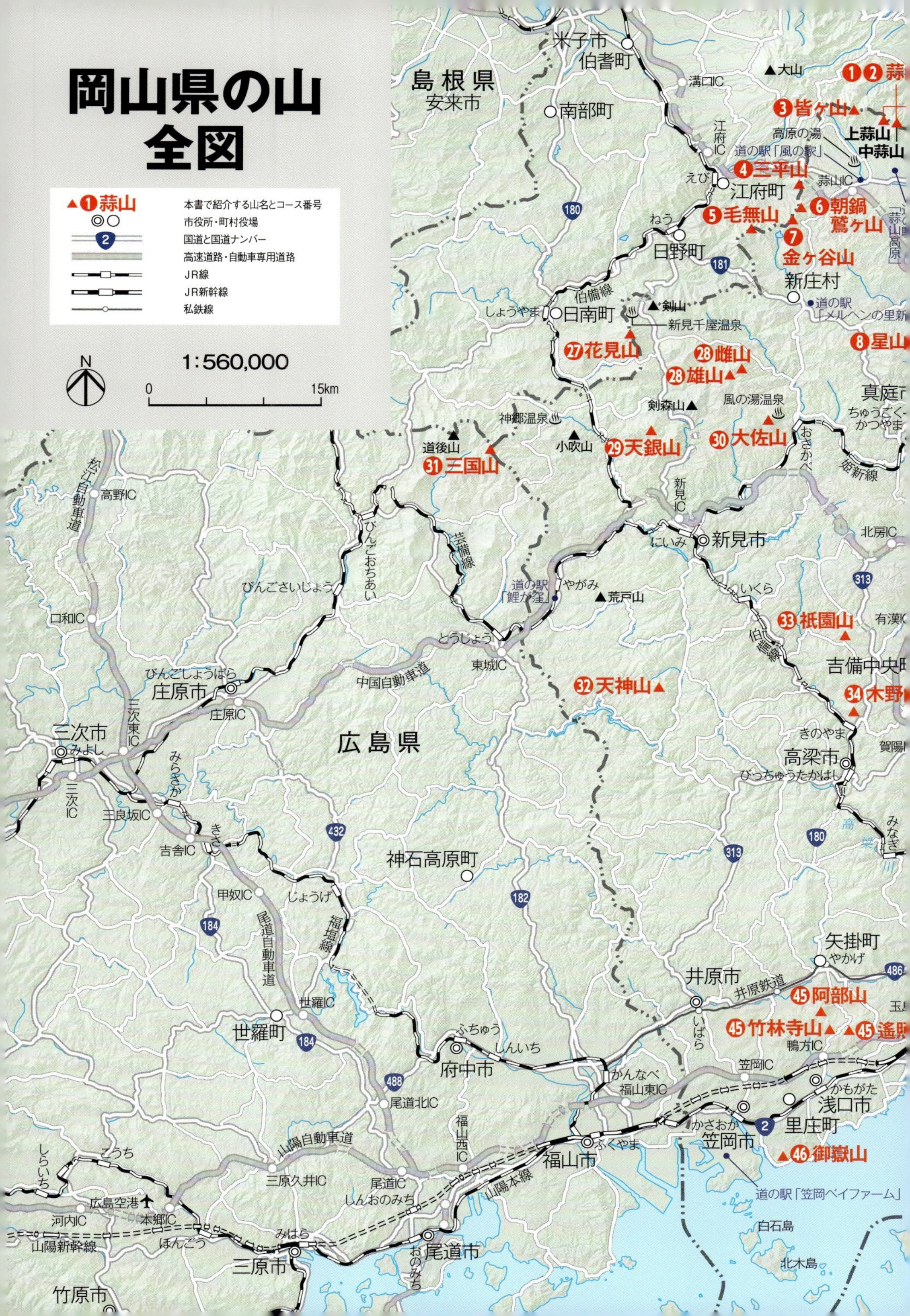

1 蒜山　本書で紹介する山名とコース番号
市役所・町村役場
2　国道と国道ナンバー
高速道路・自動車専用道路
JR線
JR新幹線
私鉄線
N
1:560,000
0
15km
島根県
安来市
米子市
伯耆町
南部町
大山
溝口IC
1 2 蒜
3 皆ヶ山
上蒜山
中蒜山
高原の湯
道の駅「風の家」
江府IC
えび
江府町
4 三平山
蒜山IC
「蒜山高原」
180
5 毛無山
6 朝鍋鷲ヶ山
7 金ヶ谷山
ねう
日野町
181
新庄村
道の駅「メルヘンの里新
伯備線
剣山
しょうやま
日南町
新見千屋温泉
27 花見山
8 星山
28 雌山
28 雄山
真庭
風の湯温泉
剣森山
ちゅうごく・かつやま
神郷温泉
道後山
小吹山
29 天銀山
30 大佐山
31 三国山
おさかべ
姫新線
松江自動車道
高野IC
新見IC
にいみ
新見市
北房IC
びんごおちあい
芸備線
びんごさいじょう
道の駅「鯉が窪」
やがみ
荒戸山
いくら
313
口和IC
33 祇園山
有漢IC
伯備線
とうじょう
東城IC
吉備中央町
びんごしょうばら
中国自動車道
庄原市
32 天神山
34 木野
三次東IC
庄原IC
きのやま
三次市
みよし
広島県
高梁市
賀陽I
びっちゅうたかはし
三次IC
みらさか
三良坂IC
きさ
吉舎IC
432
180
高梁川
みなぎ
313
神石高原町
甲奴IC
じょうげ
尾道自動車道
福塩線
182
184
矢掛町
やかげ
井原市
486
井原鉄道
世羅IC
45 阿部山
世羅町
184
45 竹林寺山
45 遙照
いばら
ふちゅう
しんいち
鴨方IC
府中市
笠岡IC
488
かんなべ
福山東IC
かもがた
尾道北IC
浅口市
福山西IC
かさおか
2
里庄町
笠岡市
山陽自動車道
しらいち
こうち
ふくやま
福山市
46 御嶽山
三原久井IC
尾道IC
山陽本線
しんおのみち
道の駅「笠岡ベイファーム」
広島空港
河内IC
本郷IC
白石島
山陽新幹線
ほんごう
みはら
尾道市
おのみち
北木島
三原市
竹原市

概説 岡山県の山

黒瀬大亮

●山々の特徴

岡山県は中国地方の南東部に位置し、東は兵庫県、西は広島県、北は鳥取県、南は瀬戸内海をはさんで香川県と隣接している。

県北部には、三本の一級河川（吉《よし》井《い》川、旭《あさひ》川、高梁《たかはし》川）の県内源流である中国山地の山岳地帯がそびえている。日本海側気候に属し、豪雪地帯にも指定されている。真《ま》庭《にわ》市蒜山《ひるぜん》では冬季に1メートルを超える積雪も珍しくなく、気温は氷点下10度C以下まで下がることもある。

この中国山地と瀬戸内海の中間に位置する吉備《きび》高原は、標高500～1000メートルの高地が連続的に広がり、中央部には鍾乳洞などのカルスト地形が見られる。南部よりは涼しく、雨量は多めで寒さは厳しい。

南部には三大河川によって形成された裾野の広い岡山平野が広がっている。冬も比較的温暖で、典型的な瀬戸内海式気候である。

北部の中国山地沿いを除いて、県全体としては比較的温暖な気候と豊かな自然に恵まれ、1989年以降「晴れの国おかやま」を県のキャッチフレーズとしている。

●旭川を源流域とする山々

県中央を流れる旭川を源とする山々は、中国山地の主脈から少し北にはずれて、鳥取県境上に、下《しも》蒜山、中《なか》蒜山、上《かみ》蒜山、皆《みな》ヶ山《せん》、擬宝珠山《ぎぼしやま》と、1000メートル級の峰々が東南東から西北西に連なっている。擬宝珠山からは鏡《かがみ》ヶ成《なる》をまたいで、烏《からす》ヶ山《せん》、中国地方の最高峰・大山《だいせん》へと続いている。蒜山の西には、三平山《みひらやま》、朝鍋鷲《あさなべわし》ヶ山《せん》、金《かな》ヶ谷山《やせん》、毛無山《けなしがせん》が峰を連ねている。

ブナの原生林が残る蒜山、毛無山は大山隠岐《おき》国立公園に指定されている。中国山地の南端、星山《ほしがせん》、櫃《ひつ》ヶ山《せん》の麓には美作《みまさか》三湯のひとつである湯原《ゆばら》温泉郷があり、登山の汗を流し、疲れをいやすことができる。

●吉井川を源流域とする山々

岡山県の最高峰、後山《うしろやま》1345メートルから連なる船木山《ふなきやま》、駒《こま》の尾山《おやま》の後山山系、日本原《にほんばら》高原を南にいだく那岐山《なぎさん》、那岐山から西へ連なる滝山《たきやま》、広戸仙《ひろどせん》などの那岐山系、吉井川の本流域には、泉山《いずみがせん》を主峰とする泉山山系、さらには恩原《おんばら》高原を中心とする花知《はなち》ヶ仙《せん》、三《さん》ヶ上《じょう》などの山があり、いずれも人気の高い山々である。後山山系、那岐

南山麓から雄大な那岐連峰を見る

蒜山高原の西茅部から眺める蒜山三座（写真＝岡本良治）

山系は、氷《ひょう》ノ山《せん》後山那岐山国定公園にも指定されている。

後山は別名「行者山《ぎょうじゃやま》」ともいい、修験道の霊山であり、「西の大峰《おおみね》」とも称され、現在でも山腹の奥ノ院一帯は女人禁制で、山岳信仰の道場として神秘性と静寂さを保ち続けている。ただ、後山山系では過疎が進んでいる影響もあってか、害獣被害が増えており、クマの目撃情報が常態化しつつあるため、万全の準備が必要である。

●高梁川を源流域とする山々

県西部を流れる高梁川を源とする山域には、花《はな》見山《みやま》、天銀山《てんぎんさん》、雄山《おんぜん》・雌《めん》山《ぜん》、大佐山《おおさやま》、三国山《みくにやま》などの山々が含まれ、静かな山行を楽しむことができる。近年では高梁市備《びっ》中《ちゅう》町とその周辺エリアでのフリークライミングの活動が、地元地域との良好な交流を含めて、たいへん盛んである。

●吉備高原の山々

吉備高原は、中国山地の南から瀬戸内にいたるまでの間に展開する高原状の山地で、穏やかな斜面が波打つように続いている。高原上は起伏は小さく、玄武岩の残丘をはじめ、いくつかの残丘状の突出はあっても、抜きん出て高い山はない。

一方、中国山地から流れ出た吉井川、旭川、高梁川やその支流が高原状の山地を深く掘りこむこと

駒の尾山から後山へ続く尾根の紅葉
（写真＝岡本良治）

で、なだらかな高原状の広がりと対照的に、深い谷をもつ。谷底から急坂を登り、登りつめると穏やかな高原に出る。緩やかな小丘は雑木林や松林となり、民家が点在し、耕地が開けたのどかな田園風景が展開する。天神山《てんじんやま》、祇園山《ぎおんやま》、木野山《きのやま》、佐伯天神山《さえきてんじんやま》、神ノ上山《こうのうえやま》、和気富士《わけふじ》、本宮高倉山《ほんぐうたかくらやま》、鬼ノ城山《きのじょうやま》がこのエリアに属する。

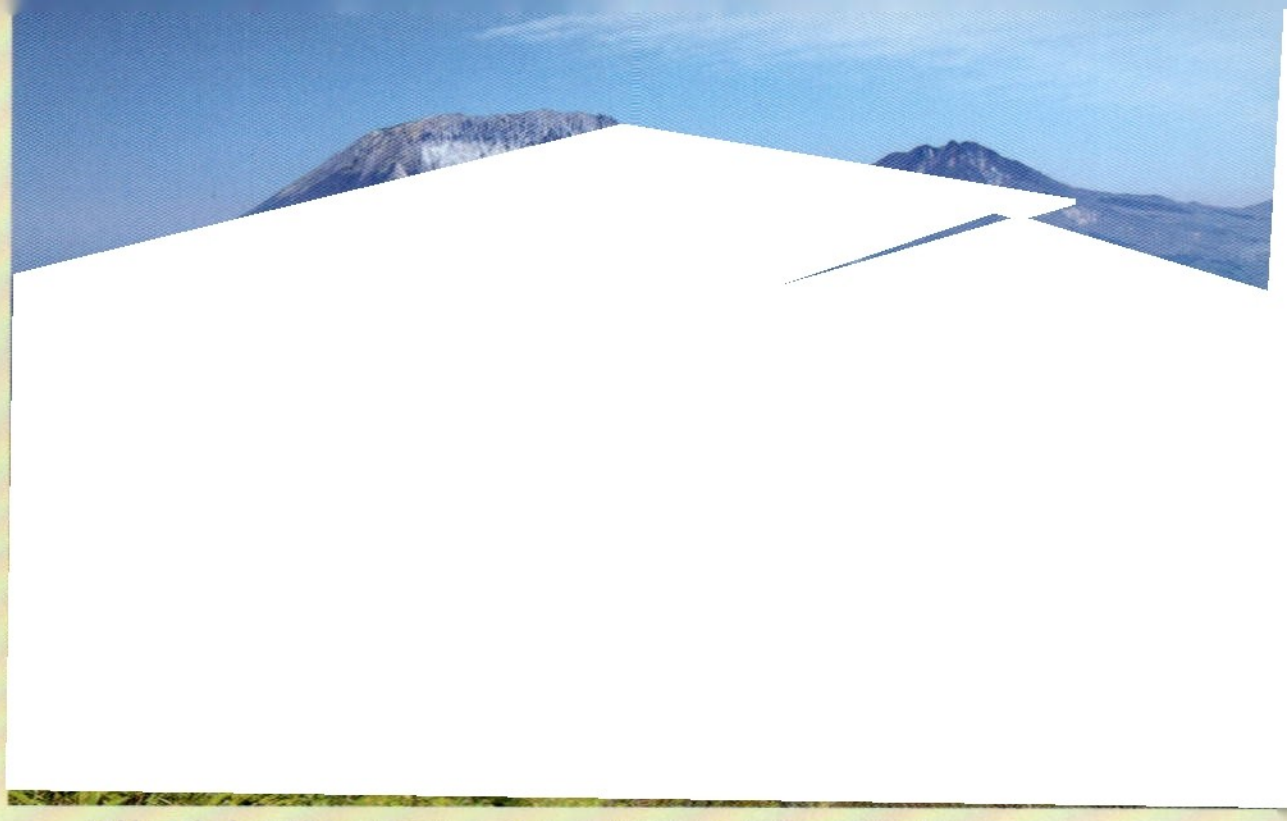
3等三角点の毛無山頂上から大山を眺める(写真＝岡本良治)

●県南瀬戸の山々

県南部の瀬戸内地域は温暖な気候に恵まれ、冬季でも降雪を見ることはほとんどない。交通の便もよく、春は新緑、秋は紅葉、冬は日溜まりと、日帰りハイキングが楽しめる。熊山《くまやま》、龍ノ口山《たつくちやま》、福山《ふくやま》、御嶽山《みたけさん》、十禅寺山《じゅうぜんじやま》、王子が岳《おうじたけ》などがこのエリアの山を代表している。

アウトドアスポーツが盛んな大佐山

●四季と交通

「備前平野に春をよぶ」西大寺会陽《さいだいじえよう》が行われる2月中旬から下旬になると、春一番が吹き、暖かくなってくる。一方県北部の中国山地では5月ゴールデンウィークのころにようやく谷間の雪も解け、木々のつぼみもほころんでさまざまな花を楽しむことができる。毛無山や蒜山が特に著名だが、咲き乱れるカタクリを見るのは格別だ。

そしてブナやミズナラなど、樹々の新緑を楽しむ季節となり、6月初旬には梅雨に入る。梅雨明け後は蒸し暑い日が続き、中国山地であっても冷涼とはいい難くなってきている。

9月でも酷暑、残暑が続くことが多くなってきているが、10月の声を聞くと秋らしくなってくる。10月下旬には紅葉も進みはじめ、見ごろとなる。11月中旬以降、中国山地ではしぐれる日が多くなり、雪が降りはじめ、冬の様相が見られるようになる。

12月に入ると、中国山地では雪が山肌に残り、積雪期を迎える。近年では雪不足が常態化しつつあ

急峻な岩壁が広がる和気アルプス

龍ノ口山山頂直下の岩場を下る

るが、スキー、スノーボード、雪山を楽しむことができる。もちろん雪山を楽しむためには、冬山の服装・装備は当然必要だ。ストック、ワカンもしくはスノーシュー、山の位置や方角によってはピッケルやアイゼンなどが必要なこともある。

一方、瀬戸内の山は標高が低く、夏は蒸し暑くて登山をおすすめするのは難しい。しかし春、秋、冬のシーズンは、温暖な気候に恵まれ、山行を多様かつ存分に堪能することができる。

山へのアクセスについては、JR山陽本線沿いでは公共の交通機関にも恵まれているが、それ以外では利便性を考えると車利用が中心となるだろう。タクシー利用の可否や駐車の場所など、事前の確認はしっかりとしておきたい。

御嶽山の展望台・幻虹台からは瀬戸内の島嶼美が広がる

本書の使い方

■日程　岡山市を起点に、アクセスを含めて、初級クラスの登山者を想定した日程としています。

■歩行時間　登山の初心者が無理なく歩ける時間を想定しています。ただし休憩時間は含みません。

■歩行距離　2万5000分ノ1地形図から算出したおおよその距離を紹介しています。

■累積標高差　2万5000分ノ1地形図から算出したおおよその数値を紹介しています。は登りの総和、は下りの総和です。

■技術度　5段階で技術度・危険度を示しています。は登山の初心者向きのコースで、比較的安全に歩けるコース。は中級以上の登山経験が必要で、一部に岩場やすべりやすい場所があるものの、滑落や落石、転落の危険度は低いコース。は読図力があり、岩場を登る基本技術を身につけた中～上級者向きで、ハシゴやクサリ場など困難な岩場の通過があり、転落や滑落、落石の危険度があるコース。は登山に充分な経験があり、岩場や雪渓を安定して通過できる能力がある熟達者向き、危険度の高いクサリ場や道の不明瞭なやぶがあるコース。は登山全般に高い技術と経験が必要で、岩場や急な雪渓など、緊張を強いられる危険箇所が長く続き、滑落や転落の危険が極めて高いコースを示します。岡山県の山の場合はが最高ランクとなっています。

■体力度　登山の消費エネルギー量を数値化することによって安全登山を提起する鹿屋体育大学・山本正嘉教授の研究成果をもとにランク付けしています。ランクは、①歩行時間、②歩行距離、③登りの累積標高差、④下りの累積標高差に一定の数値をかけ、その総和を求める「コース定数」に基づいて、10段階で示しています。が1、が2となります。通常、日帰りコースは「コース定数」が40以内で、～（1～3ランク）。激しい急坂や危険度の高いハシゴ場やクサリ場などがあるコースは、これに～（1～2ランク）をプラスしています。また、山中泊するコースの場合は、「コース定数」が40以上となり、泊数に応じて～もしくはそれ以上がプラスされます。岡山県の山の場合はが最高ランクになります。
紹介した「コース定数」は登山に必要なエネルギー量や水分補給量を算出することができるので、疲労の防止や熱中症予防に役立てることもできます。体力の消耗を防ぐには、下記の計算式で算出したエネルギー消費量（脱水量）の70～80%程度を補給するとよいでしょう。なお、夏など、暑い時期には脱水量はもう少し大きくなります。

	時間の要素		距離の要素		重さの要素
行動中のエネルギー消費量（kcal） =	1.8×行動時間（h）	+	0.3×歩行距離（km）＋10.0×上りの累積標高差（km）＋0.6×下りの累積標高差（km）	×	体重（kg）＋ザック重量（kg）
*kcalをmlに読み替えるとおおよその脱水量がわかります	山側の情報 ―「コース定数」				登山者側の情報

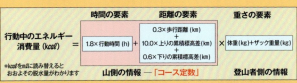

蒜山湯船から眺める蒜山三座（写真＝岡本良治）

01

蒜山① 上蒜山・中蒜山・下蒜山

美しい大自然を存分に堪能する蒜山三座

日帰り

かみひるぜん 1200m
なかひるぜん 1123m
しもひるぜん 1100m

Ⓐ上蒜山 歩行時間＝4時間 歩行距離＝7.5km 技術度 体力度
Ⓑ中蒜山 歩行時間＝3時間15分 歩行距離＝5.5km 技術度 体力度
Ⓒ下蒜山 歩行時間＝2時間45分 歩行距離＝5.0km 技術度 体力度

コース定数
Ⓐ18 Ⓑ14 Ⓒ13

標高差＝
Ⓐ657m Ⓑ613m Ⓒ587m

累積標高差
Ⓐ ↗770m ↘770m
Ⓑ ↗650m ↘650m
Ⓒ ↗585m ↘585m

Ⓐ上蒜山　上蒜山は、岡山県の最北端、鳥取県との境に位置する蒜山三座の中でいちばん高い山である。一般的に「蒜山」とは、上蒜山、中蒜山、下蒜山の三座を総称してよび、岡山県を代表する山で、大山隠岐《だいせんおき》国立公園に属している。蒜山三座の裾野に広がる蒜山高原には、キャンプ場、宿泊施設、観光施設などが整備されていて、多くの人々が訪れ、にぎわいをみせている。

湯船《ゆふね》川沿いにある**上蒜山登山者駐車場**に車を停め、200《メートル》ほど引き返して、車道左側の案内標識「上蒜山登山道入口0.9《キロ》」にしたがって砂利道に入っていく。道なりにしばらく進むと、百合原牧場に出る。ここへは県道422号から別の道で車の乗り入れはできるが、駐車場はない。

牧場の柵を越えて牧場の中を横切る形で進むと、**上蒜山登山口**に着く。杉林の中、擬木で刻まれた階段の急坂を、呼吸を整えながらスピードを抑えて登っていこう。二合目あたりから展望が開け、振り返れば蒜山高原が足もとに見えるようになる。**五合目**からカシワ純林を左にして登り続け、六合目付近で傾斜が緩くなる。

1031《メートル》の4等三角点はコースから少しはずれているので見落としやすいが、現在位置を確認できる。このあたりの展望は絶景で、眼下に広大な蒜山盆地が広がり、蒜山に連なる皆ヶ山《みなせん》などの山並みと、その向こうに烏ヶ山《からすせん》、中国地方の名峰・大山が望まれる。

八合目は**槍ヶ峰《やりみね》**の名称でよばれているが、定点としてどこを指すのかについては明瞭ではない。

緩やかな傾斜を進み、山頂が近くなるとブナの原生林となり、その中を登っていくと、**中蒜山への分岐**に着く。ここが上蒜山・標高1202《メートル》の最も高いところだ。

↑八合目から上蒜山山頂を望む。上蒜山随一の好展望台で、休憩にも最適な場所

←上蒜山三合目付近まで登ってくると視界が開け、麓に広がる蒜山高原が美しい

CHECK POINT―Ⓐ上蒜山

1 湯船川沿いにある登山口への標識

2 杉林の植林帯を登っていく

3 八合目から皆ヶ山、大山を望む

4 蒜山最高点の中蒜山分岐

標高1200㍍、2等三角点のある**上蒜山**山頂は分岐から左へ5分ほど行ったところにある。木立に覆われて展望はきかない。また、上蒜山から蛇《おろ》ヶ乢《たわ》へ下るコースは荒廃が激しいため、通行には注意が必要だ。ここでは往路を引き返す。

Ⓑ中蒜山　中蒜山は、蒜山三座の中央に位置する。**登山口**の塩釜《しおがま》は、旭《あさひ》川の支流である井《い》川の源流域で、中蒜山の伏流水が湧き出ており、「日本名水百選」の塩釜冷泉やキャンプ場、ロッジなどがあり、観光客でにぎわっている。

塩釜ロッジの手前から登りはじめる。雑木林の中を登っていくと裾野を横切る作業道に出合う。右に折れ、作業道を100㍍ほど進むと**一合目**に着く。左へ道をとり、登山道に入る。

しばらく行くと沢の右岸を巻くようになり、小さな沢に出合う。右岸から左岸へ、また左岸から右岸へ、三度左岸へ渡ると二合目だ。このあたりまで沢に水が流れている。

二合目から、谷を越えて県境の主稜線からのびる小さな尾根に取り付く。三合目まで登ると傾斜もきつくなり、ひたすら直登していく。

日留《ひる》神社が祀られる**五合目**に近づくと、傾斜もいくぶん緩やかになる。しかし、それも六合目までで、ここをすぎると傾斜もきつくなり、杉、雑木の中を登る。七合目からは一段と急登となり、鎖、

中蒜山の登山口、塩釜から中蒜山を見上げる（写真＝岡本良治）

ロープも固定されている。

　八合目をすぎると、あたりの雑木も低くなり、視界も開けてくる。急坂を登りきると**九合目**で、鳥取県境の稜線に出る。左折して県境稜線を登っていけば**中蒜山**山頂だ。眼下に広がる蒜山盆地の俯瞰がすばらしい。西に上蒜山、東に下蒜山、南に中国山地の山並みを望み、心を和ませてくれる。

　下山は、上蒜山まで縦走をして上蒜山登山口へ下山するか、下蒜山まで縦走し、犬挟峠《いぬばさり》へ下山してもよい。上蒜山へ縦走する場合は、避難小屋の前を通り、ユートピアを経て上蒜山へ向かう。下蒜山へは、主稜線をそのまま東へ進む。下蒜山を越えて登山口の犬挟峠まで約3時間を要する。どちらも中蒜山登山口の塩釜と下山したところは離れており、タクシーを頼むか、事前に車を回しておくなどの配慮が必要だ。

　ここでは往路を引き返し、**塩釜**へ下山する。下りは急傾斜ですべりやすく、足もとに注意したい。

Ⓒ下蒜山　下蒜山は、標高が1100メートルと、蒜山三座の中ではいちばん低いが、山頂からは360度の展望が得られ、北に山陰海岸と日本海を、西に中蒜山、上蒜山とその向こうに烏ヶ山、大山が望まれ、南は眼下に蒜山盆地が広がる。東に見える山並みは中国山地だ。

　登山口の犬挟峠は、蒜山高原の中心地からやや離れており、上蒜

CHECK POINT — Ⓑ中蒜山

塩釜ロッジの手前で、登山口の道標を左に山道に入っていく

五合目には日留神社が祀られている

中蒜山山頂を目指して県境の稜線を登っていく

展望に恵まれた中蒜山山頂。直下には避難小屋もある

■鉄道・バス
往路・復路＝JR姫新線久世駅か中国勝山駅から真庭市コミュニティバスで蒜山高原へ。各登山口とも、国道482号の最寄りバス停から3キロ前後なので、バス利用の登山も不可能ではないが、前日に蒜山高原に着いて、翌朝、タクシーで各登山口に行くのが一般的だろう。中国勝山駅、久世駅へは岡山駅から中鉄北部バスも利用できる。

■マイカー
Ⓐ上蒜山＝米子自動車道蒜山ICから国道482号、県道114号、442号などで約5・5キロ。登山者用の広い駐車場がある。
Ⓑ中蒜山＝米子自動車道蒜山ICから国道482号、県道114号、442号などで約10・5キロ。登山口の塩釜に駐車場があり、登山者は丘陵駐車場が利用できる。
Ⓒ下蒜山＝米子自動車道蒜山ICから国道482号、一般道で約12キロ、犬挟峠の登山口に駐車スペースがある。

■登山適期
4月の残雪期から5月の新緑、10月下旬から11月の紅葉のシーズンが特に美しい。また、6月上旬の梅雨の前、タニウツギの花が咲くころも捨てがたい。夏は暑さに注意。

■アドバイス
Ⓐ上蒜山
▽蒜山高原三木ヶ原の休暇村蒜山高

下蒜山七合目から雲居平（乙女平）を望む

蒜山上長田から見上げる下蒜山（写真＝岡本良治）

山、中蒜山のようなにぎわいはなく、比較的静かな登山を楽しむことができる。

犬挟峠の**登山口**から湿原にかかる木道を渡って谷筋に入る。10分ほど登ると「頂上まで1時間40分」の標識のある犬挟峠からの県境尾根に出る。ここからは、蒜山三座にのびる県境の主稜線をたどる。登山道は雑木林の中、擬木の階段、鎖もある急登となる。単調な登りが続くが、5月下旬から6月上旬にかけては、登山道脇に咲くタニウツギの花が心をいやしてくれる。

三合目をすぎて五合目まで登ると、しだいに傾斜も緩やかになってくる。樹木も低くなり、視界が開けて、下蒜山山頂手前の九合目のピークが見えてくる。一面のネザサ原の中をさらに進むと**雲居**《くもい》**平**《だいら》に着く。乙女平《おとめだいら》ともいわれ、すがすがしいところで、休憩するには最適な場所だ。

ひと休みしたら正面に見えるピークを目指して登る。緩やかな稜線は七合目までで、急斜面を登りきると**九合目**。その先に頂上が見える。直下のきつい登りを直登すると360度のパノラマが開ける**下蒜山**山頂だ。

展望を楽しんだら、帰路は登ってきた道を戻るが、傾斜のきつい下りであり、充分注意して下山しよう。中蒜山、上蒜山への縦走は、指導標にしたがって県境の主稜線を進めばよい。　（岡本忠良）

CHECK POINT — Ⓒ下蒜山

1 犬挟湿原を渡る

2 急斜面に鎖がつけられている

3 山頂から中蒜山と上蒜山を見る

原（☎0867・66・2501）には、ラドン温泉高原の湯がある、日帰り入浴も可。

▽蒜山高原キャンプ場は、オートキャンプサイト、フリーサイト、持ち込み区画サイト、常設テントサイトがあり、施設、設備が整っている。問合せは、休暇村蒜山高原（☎0867・66・2501）へ。

Ⓑ中蒜山

▽中蒜山は蒜山三座の中央にあり、登山口の塩釜を起点に下蒜山、上蒜山へとそれぞれ縦走するのもよい。

▽中蒜山山頂には避難小屋がある。

▽登山口の塩釜冷泉は、「日本名水百選」に選ばれており、水温10度C、湧出水量は1日に2万5000トン。周囲の素朴な自然もすばらしい。

▽塩釜には、ロッジ、キャンプ場の宿泊施設がある。

Ⓒ下蒜山

▽近くに温泉の日帰り入浴施設の快湯館（☎0867・66・2155）がある。

■問合せ先

真庭市蒜山振興局☎0867・66・2511、真庭市コミュニティバス「まにわくん」☎0867・44・2622（中鉄美作バス）、中鉄北部バス☎0868・27・2827、蒜山タクシー☎0867・66・2535

■2万5000分ノ1地形図

蒜山

N
0
500m
1:30,000
鳥取県
倉吉市
3等三角点がある
1100
下蒜山
1-C-3
2-5
919
1.50
0.20
0.15
2-6
七合目
九合目
急登
乙女平ともよばれる
休憩ポイント
雲居平
0.30
0.20
急斜面。
鎖、ロープあり
五合目
三合目
1-C-2
674
主稜線に出る
0.50
0.30
513m
1-C-1
犬挟湿原
Start
Goal
Goal
下蒜山登山口
（犬挟峠）
駐車可。あずまや、
案内板あり
関金、国道313号へ
1000
900
800
700
600
600
岡山県
真庭市
畝の茶屋
戸谷
畝の松並木
宮城
宇田
427
三谷川
宇田川
宮城川
井川
快湯館、国道482号へ
482

蛇ヶ乢
岡山県
真庭市
上蒜山
1200
1-A-4
2-2
中蒜山分岐
1202
蒜山の最高地点
展望はきかない
1116
なだらかな登り
八合目・槍ヶ峰
1-A-3
展望が
すばらしい
4等三角点
1031
六合目
五合目
三合目
二合目
1-A-2
人工林の中を登っていく
上蒜山スキー場
（閉鎖）
百合原牧場
2-1
上蒜山登山口
Start
Start Goal
上蒜山登山者
駐車場
543m
休暇村蒜山高原、蒜山ICへ
1-A-1
登山口への
標識あり
湯船川
百合原
蒜山湯船
玉田川
蒜山高原自転車道
道の駅
「蒜山高原」
ユートピア
展望がよい
985
2-3
2-4
1-B-4
中蒜山
1123
1-B-3
中蒜山
九合目
中蒜山避難小屋
県境稜線に出る
八合目
七合目
六合目
傾斜のきつい登り
1-B-2
五合目
日留神社
四合目
三合目
尾根に取り付く
二合目
ここから
山道に入る
一合目
作業道に出合う
塩釜冷泉
1-B-1
中蒜山登山口
塩釜口
Start Goal
510m
登山などで長時間駐車する場合は、
塩釜ロッジに届け出ること
塩釜

02

美しい大自然を存分に堪能する蒜山三座

蒜山②

日帰り

歩行時間＝7時間10分
歩行距離＝11・3㎞

全山縦走

ひるぜん
1202m（最高地点／中蒜山分岐）

技術度
体力度

コース定数＝**29**

標高差＝659m

累積標高差 ↗1251m ↘1281m

↑上蒜山頂上部から中蒜山に続く尾根道と下蒜山を見る
（写真＝岡本良治）

←中蒜山頂上から上蒜山に続く尾根道と上蒜山を見る
（写真＝岡本良治）

「蒜山縦走」は、上《かみ》蒜山～中《なか》蒜山、下《しも》蒜山～中蒜山のように、二座を歩く場合にも使われるが、ここでは上蒜山～中蒜山～下蒜山の三座を結んで歩いてみよう。登山口の**上蒜山登山者駐車場**から百合原《ゆりはら》牧場を経て上蒜山山頂までは、前項の蒜山01を参照のこと。

上蒜山山頂から**中蒜山分岐**まで戻り、中蒜山を目指す。鞍部までは荒れた岩場や急な下り、鎖場が続く。浮石が多い場所もあるので要注意だ。

鎖場を3つすぎると最低鞍部。今度は中蒜山へ向けて登っていく。傾斜が緩くなり、広くなったあたりはユートピアとよばれている。4、5月ごろならこの稜線にはカタクリが咲き乱れる。

斜度がしだいに増してくると、クマザサ原から雑木林に入り、そこを抜けると分岐の看板に出合う。右に進むと中蒜山避難小屋で、その先が**中蒜山**山頂だ。細長い広場になっていてベンチもある。天候に恵まれれば烏《からす》ケ山や大山《だいせん》、甲《かぶと》ケ山《せん》、船上山《せんじょうさん》、それに日本海と海岸線も望むことができる。

休憩を終えたら、分岐まで戻って直進する。ほどなく**中蒜山九合目**の分岐に到着する。右に塩釜《しおがま》の中蒜山登山口への道を分けて下蒜山へ東進する。

■**鉄道・バス**
往路＝JR姫新線中国勝山駅または久世駅から蒜山高原センター行きの真庭市コミュニティバスに乗車。登山口へは湯船口バス停が最寄りだが、蒜山高原から歩いても大差ない。
復路＝犬挟峠から真庭市コミュニティバスの道目木バス停まで徒歩約3・6㌔。

■**マイカー**
上蒜山登山口、下蒜山登山口へは、ともに米子道蒜山ICから国道482号経由のアクセスとなる。それぞれ駐車場があり、事前に下山口の犬挟

下蒜山の頂上部尾根道から蒜山高原を俯瞰する（写真＝岡本良治）

最低鞍部のフングリ峠《たわ》をすぎると、少しばかりササ原の中にのびる山道を爽快に楽しむことができるが、すぐに木立の中に入る。クロボコ（クロボク）の山道は天候によってはすべりやすく、思わぬ時間をとられるかもしれない。

傾斜が緩んで木立を抜けると**下蒜山**山頂だ。大山東壁から矢筈《やはず》ヶ山《せん》、甲ヶ山、勝田《かつた》ヶ山《せん》が遠望できる。

展望を楽しんだら下山をはじめよう。眼下に広がる絶景を堪能しながら進み、**九合目**からつづら折りの急な下りがはじまる。ロープや鎖がある石や岩の階段が続く。ササ原となると、やがて**雲居平**《くもいだいら》の広場に着く。4、5月にはカタクリ、6月にはササユリが咲き、緑の絨毯の中を歩いているかのような気分にさせてくれる。

五合目付近から再び鎖やロープが張られた岩場が現れる。鎖場がついた急な階段を2つ下れば、「登山口まで500㍍」の看板を見て、小さな谷沿いの道となる。雑木林を抜け、両脇にロープが張られたススキ原に出ると、**下蒜山登山口**の休憩舎に到着する。

（黒瀬大亮）

CHECK POINT

1 百合原牧場入口から登山口へ

2 上蒜山から中蒜山への眺め

3 蒜山の稜線に咲くカタクリ

4 ユートピアを眺める

5 下蒜山山頂。周囲の展望を楽しみながら休憩していこう

6 下蒜山急登直下から雲居平目指して下っていく

峠に1台配車しておくとよい。

■登山適期
4月の残雪期から5月の新緑。10月下旬～11月の紅葉期が特に美しい。また、6月上旬の梅雨の前、タニウツギの咲くころも捨てがたい。

■アドバイス
▽犬挟峠～上蒜山登山者駐車場間の距離は10㌔あまり。自転車の活用も無理ではない。
▽フングリ峠は、その昔、山麓に住んでいた大男がこの峠を越えようとしたときに股間（フングリ）をぶつけたと伝わることによるとか。
▽中蒜山山頂の標識は、旧標高の1122㍍の表記となっていて、登山者から「いい夫婦」として親しまれている。
▽日帰り入浴は、登山口の休暇村蒜山高原（☎0867・66・2501）にラドン温泉高原の湯、下山口の下蒜山には快湯館（☎0867・66・2155）がある。

■問合せ先
真庭市蒜山振興局地域振興課☎0867・66・2511、真庭市コミュニティバス「まにわくん」☎0867・44・2622（中鉄美作バス）、中鉄北部バス勝山出張所☎0867・44・2827、蒜山タクシー☎0867・66・2535

■2万5000分ノ1地形図
蒜山

＊コース図は14～15㌻を参照。

03

皆ヶ山

幼・老のブナが生い茂る山道を行く森林浴登山

みながせん
1159m

日帰り

歩行時間＝3時間20分
歩行距離＝5・5km

技術度

体力度

コース定数＝**15**	
標高差＝574m	
累積標高差	↗ 680m
	↘ 680m

皆ヶ山全景。右が皆ヶ山、左は二俣山。蒜山高原キャンプ場がの奥に登山口がある

二俣山から南麓の休暇村蒜山高原、三木ヶ原一帯を俯瞰する

米子《よなご》自動車道の蒜山《ひるぜん》ＳＡから北を眺めると蒜山三座から左奥にそびえる大山《だいせん》まで、圧巻のパノラマである。間に１１００メートルを超す山塊があるが、大山・蒜山にひかれて目に留まりにくい。アゼチ、大ナメラ、皆ヶ山、二俣山《ふたまたせん》（１０８０メートル）などがそれである。その中ほどに位置する皆ヶ山は、山塊の主峰ともいうべきだろうが、確認しにくい。まして前座に二俣山が座っているので、麓にある蒜山高原キャンプ場からは姿さえ見えない山だ。普通には二俣山と皆ヶ山を総称して「皆ヶ山」とよんでいる。キャンプと併せて楽しむには格好の山である。

蒜山高原キャンプ場の奥まったＪ地区（オートサイト）のトイレ奥に登山口がある。登山道は整備されていて、広くなだらかに登っていく。日清戦争後、軍馬の育成場として囲いをした土塁が道の右側に続く。大木が根を張っていたり、崩れて山肌に同化しているの

■鉄道・バス
往路・復路＝ＪＲ中国勝山駅から真庭市コミュニティバスで休暇村蒜山高原へ。休暇村蒜山高原から登山口までは徒歩30分。

■マイカー
米子自動車道蒜山ICから国道４８２号を湯原方面に向かい、上福田で県道１１４号に入ってすぐ。ICから約２キロ。

■登山適期
春の残雪、初夏の新緑、夏の森林浴、秋の紅葉とそれぞれの目的で楽しめる。

■アドバイス
▽登山口の蒜山高原キャンプ場は、4月中旬から11月中旬の開設。問い合せは休暇村蒜山高原へ。
▽皆ヶ山（35分）アゼチ（50分）蛇ヶ乢（10分）車道のコースがあるが、手入れされていないので、夏の登山は避けたい。
▽皆ヶ山（30分）大ナメラ（40分）擬宝珠山（15分）休暇村奥大山にコースがあるが、手入れもなく、利用者もほとんどないので、難渋するコースである。
▽休暇村蒜山高原にはラドン温泉の高原の湯があり、入浴だけの利用も可。

■問合せ先
真庭市蒜山振興局総務振興課☎０８６７・66・２５１１、休暇村蒜山高

で、意識しなければそれとはわかりにくい。アカマツ、コナラ、ミズナラ、リョウブなどの茂る段丘がのび出したような広い尾根道を、平坦になったり坂になったりをいく度も繰り返しながら登ると、30分ほどすぎたころから急坂になってくる。

まだ余裕のがんばりで登ると、登山口からは40分ほどで815メートルの**小ピーク**に着く。キャンプ場から1・5キロ、皆ヶ山山頂まで1・7キロの地点だ。ひと息入れてなだらかになった稜線を行くと、左右には山を支配しているような老大木や、勢いのある若木が入り交じったみごとなブナの森が続く。夏なお快適な道である。しだいに急坂になって、北西に曲がる尾根を登ると、40分ほどで標高1083メートルの**二俣山**の山頂に着く。皆ヶ山までは約0・8キロ。

二俣山から北へ尾根を10分ほど下ると皆ヶ山との鞍部に着く。ここから最後の急坂だ。20分ほどがんばると、いよいよ標高1159メートルの**皆ヶ山**山頂に到着する。登山口から3・2キロ、征服感を強く感じさせる山である。

下りは往路を引き返す。二俣山まで30分、二俣山から登山口まで1時間をみればよいだろう。

（山本廣康）

原☎0867・66・2501、休暇村奥大山☎0859・75・2300、真庭市コミュニティバス「まにわくん」☎0867・44・2622（中鉄美作バス）、蒜山タクシー☎0867・66・2535

■2万5000分ノ1地形図
蒜山・延助・泰久寺・伯耆大山

CHECK POINT

1 登山口。奥の水源槽の左手を入る

2 急登後にある小さなピークの標識

3 ブナの尾根道を皆ヶ山山頂へ向かう

4 3等三角点の皆ヶ山山頂。蛇ヶ乢や鏡ヶ成へも通じるが、ルートは困難

04 三平山

大山から蒜山へ、高原を囲む山々の壮観な眺望

日帰り

三平山 みひらやま 1010m

歩行時間＝1時間45分
歩行距離＝4・5km

技術度 1/5
体力度 1/5

コース定数	＝**8**
標高差	＝292m
累積標高差	↗365m ↘365m

↑三平山全景。地域の生活の山として長く山焼きを続けていたため、今はササやカヤの山肌となって、山容は美しい

←2等三角点の三平山山頂には豊作祈願の石祠が建ち、後方に大山や烏ヶ山を遠望するなど、360度の眺めは壮大である

蒜山《ひるぜん》高原の西に、まるで国境の守護神のごとく鍋を伏せた山容で座しているのが三平山である。稜線の八合目まで登り、南下して山頂に立ち、穴ヶ乢《あなたわ》から下山するコースを歩いてみよう。

登山口からなだらかな坂道がアカマツの大本の下をつづら折りに続く。山道は歩きやすく、家族連れ登山にも向く。しばらくジグザグを繰り返して、林から草地へ出ると、六合目あたりから蒜山三座と、裾野に広がる盆地が遠くまで眺められ、雄大だ。

北から登ってきた県境尾根筋の登山道と出合って、もうひと曲がりすると、**八合目**の稜線だ。振り返ると中国地方随一の名峰・大山《だいせん》が、右に烏ヶ山《からすせん》を伴ってそびえている。

稜線には、明治30年代より陸軍の軍馬育成場として、56キロにもおよんで構築された土塁が、今も残

穴ヶ乢への下り道

■**鉄道・バス**

往路・復路＝JR中国勝山駅から真庭市コミュニティバスで休暇村蒜山高原下車。タクシーで登山口へ。

■**マイカー**

蒜山ICから国道482号を西進して、白髪入口を左手に新庄村へ向かって入る。野土路トンネル手前で右折、「三平山登山口」の標識から右に林道川上2号へ。約6キロほど走ると登山口の駐車場がある。あるいは、国道482号をさらに西進し、県境の内海乢を越してすぐに左折。俣野への道を700メートルほど行くと、左に

CHECK POINT

1 林道川上２号から三平山への登山口

2 八合目で北から登ってくる県境尾根道と合流する

3 山頂へ向かってのびる土塁上の道

4 「勇岳定健信士」の銘が刻まれた穴ヶ乢の石仏像

っている。その土塁上を伝って、草地を15分ばかり行くと**三平山**頂上だ。360度の展望が得られ、すべてネザサとカヤに覆われた山容が美しい。豊作祈願の豊受大神の石祠があり、古より地域の人々に守られてきた山である。

下山は南へ土塁上をたどって下る。急坂を足もとに気をつけながら下ると、3つばかりのコブがあって、カシワ（炊葉）の林が続く。再び急坂に足をとられないように下ると、30分ほどで**穴ヶ乢**に着く。小さな石仏像が南を向いて立っており、その鞍部から左手東に下る。桧林の中をトラバースぎみに下ると**林道川上2号**に出る。北に向かって歩けば**登山口**だ。（山本廣康）

「林道川上2号線」の標識がある。それを2キロほど進むと登山口。

■登山適期
登りやすい山であり、展望も四季を通じてすばらしく、5月の新緑、10月の紅葉、雲海は絶景。

■アドバイス
▽内海乢から俣野への道を左折して、林道川上2号の始点から100メートルほど入った地点に岡山・鳥取の県境尾根道をたどる登山口がある。頂上まではおよそ50分。
▽休暇村蒜山高原（☎0867・66・2501）に高原の湯がある。

県境尾根道への登山口

■問合せ先
真庭市蒜山振興局総務振興課☎0867・66・2511、真庭市コミュニティバス「まにわくん」☎0867・44・2622（中鉄美作バス）、蒜山タクシー☎0867・66・2535

■2万5000分ノ1地形図
延助

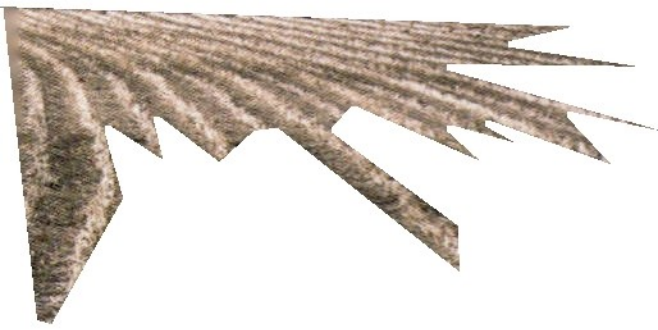

05

絶景の山々と可憐な花、錦繍の樹木、清冽な水

毛無山《けなしがせん》

1219m

日帰り

歩行時間＝3時間30分
歩行距離＝6・0km

技術度

体力度

コース定数＝**14**

標高差＝524m

累積標高差 590m 590m

　新庄《しんじょう》の毛無山は、季節を問わず、何回登ってもすばらしい山だ。萌え出る新緑、稜線のカタクリの花、秋には黄葉のブナ、燃え立つカエデ、天然杉の濃い緑、自然の彩りは足を運ぶたびに表情を変える。頂上に立つと、眼前に伯耆大山《ほうきだいせん》の南壁が屏風状に立ち、右へ烏ヶ山《からすがせん》から蒜山《ひるぜん》三座へと連なる。晴れた日には山並みを越えて日本海に浮かぶ隠岐《おき》の島影も見える。山頂の一角には小さな祠があって、かつて修験道の行場であった山でもある。今でも7月はじめに山開きを行い、護摩を焚いて安全を祈願している。山も人も大切にしている信仰心の篤い山里だ。

　毛無山の麓、田浪《たなみ》まではJR中《ちゅう》国勝山《ごくかつやま》駅から新庄までバス便があるが、本数が少なく、アプローチも長いので、マイカー利用が一般的だろう。出発点は田浪集落の奥にある藁葺き屋根の宿泊施設、**山の家**。駐車場やトイレ、休憩室などが設けられ、キャンプ場も整っている。

　山の家からは、最初は平坦な道を行く。うっそうとした杉の大木の下を500メートルほど歩くと「ケナシガセン」と読み仮名をつけた案内板が立っていて、その右が**登山口**だ。三合目はみごとな天然杉の林を行く。四合目すぎに大岩があり、その左を巻いて登る。五合目から六合目へは急な登り坂だ。水場があるが、夏から秋へは涸れていることが多い。

　六合目からはジグザグ道となる。右にトラバースして尾根に取り付くが、急登は続く。ブナの大木に囲まれた八合目あたりは快適な道だ。九合目には休憩舎があり、左手に30メートルほど下ると水場もあ

■鉄道・バス
往路・復路＝JR中国勝山駅下車、タクシー50分で毛無山駐車場。
■マイカー
米子自動車道蒜山ICから約25分で毛無山駐車場。
■登山適期
秋の紅葉期が最高である。ブナの黄葉の下、遠望の山並みや俯瞰する山肌のパノラマは壮麗である。新緑の5月もよい。稜線のカタクリは道にも群生しているので踏みつけに注意

南側の田浪より見る毛無山全景。新庄から土用へ向かい、女滝、不動滝（男滝）をすぎて、客人原（まろうどはら）に出ると目の前に姿を見せる

したい。

■アドバイス

▽毛無山頂上から朝鍋鷲ヶ山までの縦走は、アップダウンの稜線で、四季を通じてよいコースである。7キロ、5時間ほどの行程で、体力と準備が必要だ。

▽朝鍋鷲ヶ山までの縦走路で、途中の俣野越から土用ダムを経由し、滝の尻まで下るコースと、金ヶ谷山の300メートル手前分岐点から尾根を林道まで下って山の駅にいたるコースがある。

■問合せ先

新庄村役場☎0867・56・2626、中鉄バス勝山出張所☎0867・44・2621、フクモトタクシー☎0867・44・3175、田浪キャンプ場（山の家も）☎0867・56・2626（新庄村役場）

■2万5000分ノ1地形図

美作新庄

三合目で行われる山開き行事の護摩焚き

修験道場の跡をしのばせる祠が建つ毛無山山頂。後方に大山が見える

る。桧の間を抜け、草付きを直登すると**毛無山**頂上に着く。三角点や山頂標識が立ち、方位盤が360度の眺望を案内してくれる。

下山は白馬山《はくばさん》経由の道を行こう。主稜線を白馬山まで2キロ弱、5月の連休時にはカタクリが咲き競う楽しい道だ。**白馬山**からは南に尾根を下る。約2キロをひたすら下っていき、谷を渡るとほどなく出発点の**山の家**に到着する。

（山本廣康）

CHECK POINT

1

山の家が出発点。トイレも利用可

2

四合目。すぐ上に大岩がある

3

九合目の休憩舎。左へ下ると水場

4

白馬山山頂は朝鍋鷲ヶ山の分岐点

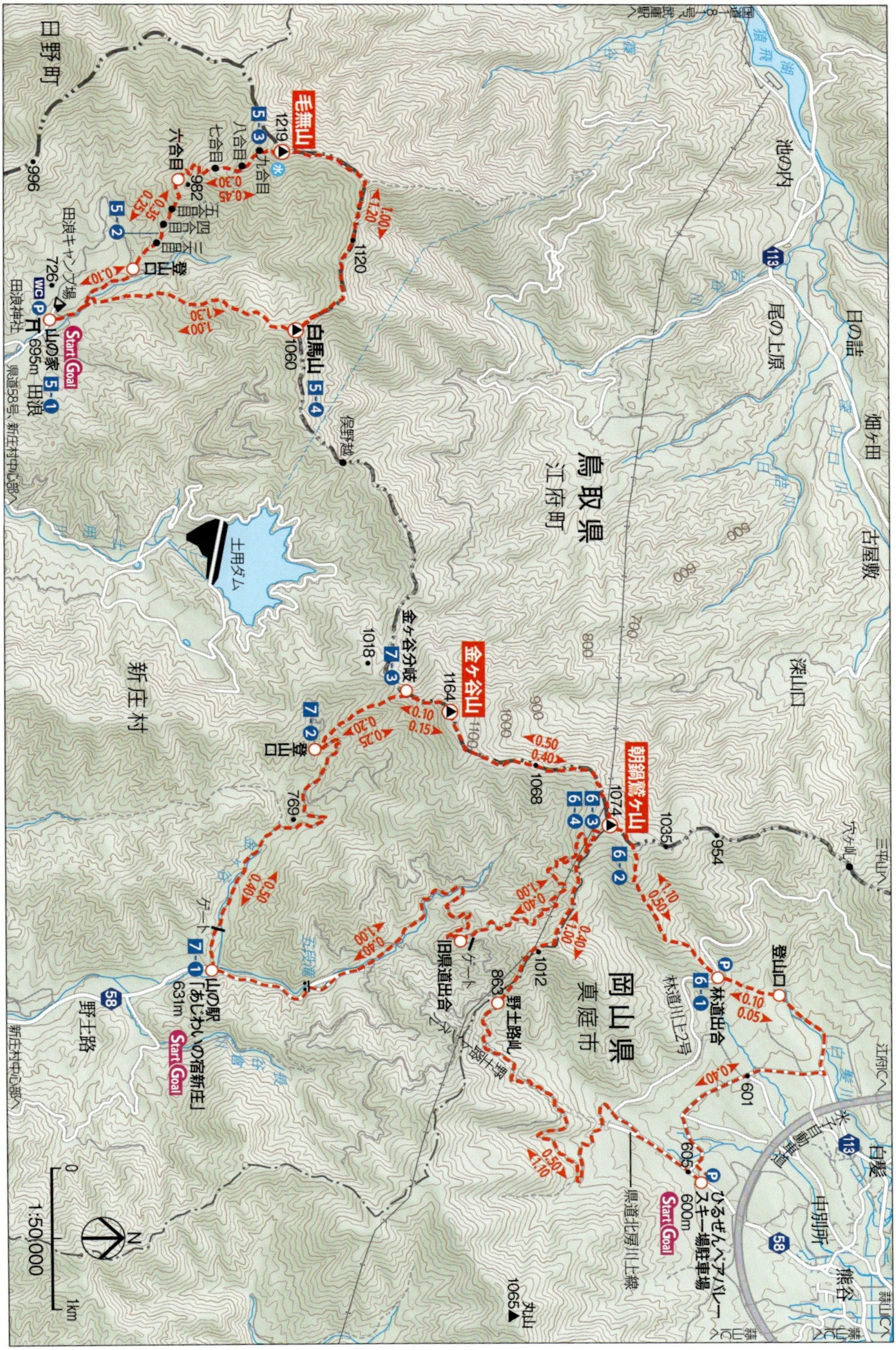
毛無山
白馬山
金ヶ谷山
朝鍋鷲ヶ山
鳥取県
江府町
岡山県
真庭市
新庄村
日野町
土用ダム
1:50,000

06 四季折々に雄大な眺望が魅力の優しい山

朝鍋鷲ヶ山

あさなべわしがせん
1074m

日帰り

歩行時間＝3時間30分
歩行距離＝10・0km

技術度

体力度

コース定数＝**17**

標高差＝474m

累積標高差 ↗720m ↘720m

ベアバレースキー場駐車場から望む朝鍋鷲ヶ山。古くは右が朝鍋山、左が鷲ヶ山とよばれていた

朝鍋鷲ヶ山は、元は朝鍋山と鷲ヶ山との2つの山である。北の蒜《ひる》山《ぜん》から見ると、2本の鉄塔を肩にもつ、なだらかな右側の山が朝鍋山であり、黒っぽく少し尖った左側の山が鷲ヶ山である。いつのころからか朝鍋山の方をまとめて「朝鍋鷲ヶ山」とよび、地図上にも記されるようになったらしい。平成17年の岡山国体山岳競技の縦走コースとして使用され、きれいに整備された。ここでは一部はカットするが、極力そのコースをたどる道を案内しよう。

国体のスタート地点となった県道北房川上《ほくぼうかわかみ》線沿いにある、**ひるぜんベアバレースキー場の駐車場**を出発点として歩いていこう。県道に平行して南へ進む野中の牧道を200メートルほど行くと農道に出合い、右に西進する。道なりにまっすぐ約1・5キロ行くと、白髪《しらが》から上がってきた一般県道113号に出合って直進は終わる。

左に折れて行くと、白髪川に沿った未舗装の道が緩やかに上がっている。県道でありながら、ススキの原で道がなくなる。その手前を左に登っていくところから**登山道**となる。杉林の下道を曲がりながら登ると木段となり、すぐに**林道川上2号**に出る。車3台ほどの駐車スペースがあるので、ここからスタートしてもよい。いきなり急な階段道となる。頂上まで900段以上の階段が設けられている。危険は少ないが、ひたすら耐えての登りとなる。

林道から尾根道は杉から広葉樹になり、標高800メートルをすぎるあたりから、美しいブナの自然林へ変わる。急な登り坂は、標高1000メートルを通過すると少し緩み、三《み》

■鉄道・バス
往路・復路＝JR中国勝山駅から真庭市コミュニティバスが利用できるが、アプローチが長いので、マイカー利用が一般的。

■マイカー
米子自動車道蒜山ICから国道482号、県道58号でベアバレースキー場駐車場へ。約3キロ。

■登山適期
新緑の5月と紅葉の11月が最適。積雪期は危険が伴うが、みごとな霧氷が見られる。5月のダイセンキスミレ、イワカガミ、7～8月のマルバダケブキなどは大切に見たい。

■アドバイス
▽朝鍋鷲ヶ山から毛無山まで縦走できるが、約7キロあり、4時間はかかる。
▽朝鍋鷲ヶ山から穴ヶ乢を通って三平山へは、下山まで2時間を要す。
▽岡山国体山岳競技縦走コースは、地図上の牧道601メートル地点から自動車道を越え、白髪集落を回って登山口へいたる道で、全長6・8キロ、標高差538メートル。
▽休暇村蒜山高原（☎0867・66・2501）に高原の湯がある。

■問合せ先
真庭市蒜山振興局総務振興課☎0867・66・2511、新庄村役場☎0867・56・2626、真庭市コミュニティバス「まにわくん」☎0

平山《ひらやま》から続く稜線道に合流する。左折していくと、まもなく**朝鍋鷲ヶ山**の頂上である。

山頂に三角点はない。国体を記念して「感動の碑《いしぶみ》」と刻まれた石碑が立てられている。そのあたりが1074㍍の頂点である。展望台から眺めると、すばらしいパノラマが飛びこんでくる。蒜山高原の背後に大山《だいせん》、烏ヶ山《からすせん》、蒜山三座、天気に恵まれれば隠岐島《おきのしま》も見ることができる。

下山は東の尾根道をササの林床をかき分けながら**野土路乢《のとろだわ》**まで下り、旧県道を北へ、**ひるぜんベアバレースキー場の駐車場**まで下る。

（山本廣康）

867・44・2622（中鉄美作バス）、蒜山タクシー☎0867・66・2535

■**2万5000分ノ1地形図**
延助・美作新庄

山頂展望台からの眺め。大山、烏ヶ山、皆ヶ山、蒜山、毛無山など、雄大な眺めが満喫できる

CHECK POINT

1

林道川上2号からの登山口。木段の登り道が断続する

2

三平山からの稜線の道と合流する

3

朝鍋鷲ヶ山山頂にある国体の碑。三角点はない

4

毛無山へのルートを示す標識。下山はここを手前に下りる

＊コース図は25㌻を参照。

07

日帰り

2005年国体山岳競技縦走コースを行く
金ヶ谷山

かながやせん
1164m

歩行時間＝3時間30分
歩行距離＝10・5km

技術度 1/5
体力度 1/5

コース定数＝**18**
標高差＝533m
累積標高差 ↗810m ↘810m

毛無山から望む金ヶ谷山。毛無山から朝鍋鷲ヶ山までの稜線縦走路上では、ひときわ目立つ尖峰だ

新庄《しんじょう》村にある金ヶ谷山は、金ヶ谷をつめ上がった末の尖峰であることから呼称される山名である。「点の記」には「蛇喰山《じゃばみやま》」と記されている。毛無山系の最高峰・毛無山《けなしがせん》から朝鍋鷲ヶ山《あさなべわしがせん》へ連なる、鳥取県との境をなす尾根筋の中ほどに位置する。山腹には大小のブナの樹が林立し、秋には全山黄葉の中に、カエデやナラなどが織りなして美しい。初夏には新緑の下にカタクリ、ダイセンキスミレ、マルバダケブキなど、貴重な花も見ることができる。

県道58号北房川上《ほくぼうかわかみ》線にある**山の駅「あじわいの宿新庄」**を発着点に紹介しよう。山の駅から西へ、金ヶ谷沿いに杉や桧林の中の林道を行く。私有の作業道であり、途中、鎖で閉ざされている。車は入れないが、歩くには差し支えない。道なりに2・5キロほど進むと**金**

■鉄道・バス
往路・復路＝JR中国勝山駅下車、タクシー約40分。

■マイカー
米子自動車道蒜山ICから国道482号を経由し、県道58号北房川上線にある山の駅「あじわいの宿新庄」へ。

■登山適期
春から晩秋へかけて、それぞれによいが、新緑の5月、紅葉の10〜11月がすばらしい。

■アドバイス
▽金ヶ谷山から毛無山へは約5・5キロ、4時間を要する。毛無山から毛無山登山口の毛無山山の家までは約2キロ、40分ほど。途中の白馬山から田浪の毛無山山の家へ下ることもできる。それなりの準備と車の手配が必要である。5月の連休のころには稜線にカタクリの群生が見られる。

■問合せ先
新庄村役場☎0867・56・2626、真庭市市民環境部市民課☎0867・42・1112、フクモトタクシー☎0867・44・3175、蒜山タクシー☎0867・66・2535、山の駅「あじわいの宿新庄」☎0867・56・3233

■2万5000分ノ1地形図
美作新庄・延助

登山道から金ヶ谷山を望む。秋の紅葉時には、ブナの林を通して眺める山肌がことのほか美しい

ヶ谷山登山口となる。木段を設置した山道に入ると、両側にみごとな天然桧が立っている。時おり右側に崖が出てくるので、注意しながら登っていこう。尾根はブナが多くを占める広葉樹林の中である。

樹間から右上方に金ヶ谷山の頭部が見えてくる。登山口から600㍍ほど登ったところで稜線に立つと、左に毛無山への道が**分岐**する。右手に道をとって急斜面を登る。以前、このあたりでマムシを見たことがあるが、かつては「蛇喰山」といわれていたこともうなずける。

稜線へ合流してから300㍍ほどの急坂をがんばると、標高1164㍍の**金ヶ谷山**頂上である。登山口からの所要時間は、約1時間30分だ。

下山は往路を帰ると、約1時間20分で山の駅に帰り着く。朝鍋鷲ヶ山経由のコースを行く場合は、金ヶ谷山山頂から東方向に稜線をたどり、北へ曲がって急な木段を下っていく。緩やかな上下を繰り返すブナの尾根道を約1・5㌔行くと、草付きの平坦な頂上に展望台の建つ標高1074㍍の**朝鍋鷲ヶ山**に着く。北を望むと、眼前に三平山《みひらやま》、左手に大山《だいせん》、烏ヶ山《からすせん》、右手に蒜山《ひるぜん》三座が連なっていて、壮大な眺めである。そこからは南側に曲折する林道を2・5㌔下れば**旧県道**に出る。右手に行き、3・5㌔で**山の駅**である。（山本廣康）

CHECK POINT

県道北房川上線沿いにある山の駅味わいの宿新庄

登山口。林道から木道が設置された山道に入る

毛無山からの道と合流する。金ヶ谷山へは稜線を右へ上がっていく

＊コース図は25㌻を参照。

08

美しい森を抜けて家族連れでも楽しめる山

星山

ほしがせん
1030m

日帰り

歩行時間＝2時間30分
歩行距離＝3・5km

技術度 体力度

コース定数＝9	
標高差＝398m	
累積標高差	415m（登り） 415m（下り）

中国地方東部の山々は、「山」を「せん」とよぶ例が多い。「星山」も「ほしがせん」である。ただし、地元の人は「ほしやま」と親しくよび、麓にある集落も「星山《ほしやま》」だ。城下町の街並みを残す勝山《かつやま》から旭《あさひ》川を渡る時にその頂が見えるが、市民生活の四季折々に密接につながっている山である。

↑東側からの星山全景。左のピークは前山

←記念植樹帯を行く。後方に星山が見える

多くの登山者が利用している東登山口からのコースを紹介しよう。平成9年に、地域の自然条件に適した森づくりを実践する場として「勝山美しい森」がオープンした。そのビジターセンターがあるのが**東登山口**だ。駐車場は登山口の100㍍《メートル》ほど下にある。駐車場下手のキャンプ場にはトイレもある。

登山道は見晴らし

■鉄道・バス
往路・復路＝JR姫新線中国勝山駅からタクシーを利用して勝山美しい森へ。所要約20分。

■マイカー
米子自動車道久世ICから国道181号、313号、県道201号などで約20㌔、約50分。

■登山適期
新緑の5月と紅葉の10～11月がよい。登山口まで神庭（かんば）ノ滝渓谷をたどるなら紅葉の時期が最高だろう。

■アドバイス
▽JR中国勝山駅から神庭ノ滝経由で星山に登ることもできる。JR中国勝山駅から真庭市コミュニティバスの蒜山高原行きに乗り、神庭口で下車。神庭川沿いに遡り、神庭ノ滝公園内経由、徒歩1時間で星山集落の元分校へ。林道を30分ほど歩くと西登山口に着く。西登山口から鞍部の合流点まで約30分。
▽櫃ヶ山への縦走は、星山（50分）扇山（1時間10分）五輪山（1時間）櫃ヶ山（1時間40分）久納櫃ヶ山登山口。JR中国勝山駅までバス便があるが、車の手配をする方が無難だ。
▽紅葉のころ、城下町の名残を留める勝山の街並みと西日本随一の神庭ノ滝の散策がおすすめ。

■問合せ先
真庭市勝山振興局地域振興課☎08

のよい尾根筋に開かれている。はじめはさまざまな広葉樹が記念植樹されている緩やかな赤土の坂道を行く。やがてアカマツの林に入り、急坂の途中が標高800㍍、登山口から1㌔。ちょうど中間点になる。

林を抜けると右前方上に星山の頂上が仰がれる。直登すれば、901㍍の前山(天狗山《てんぐやま》)のピーク手前で、右に折れるコースになるが、右にできたトラバース道をたどれば**鞍部**に達して、西登山口から登って来た道と合流する。

残り4分の1を松と桧の間を直登するとササ原に変わる。すべりやすい道から八合目あたりは急坂で、文字通り胸突き八丁だ。九合目付近の大岩をすぎれば、標高も1000㍍に達し、道も緩やかになって、気分はいっきに征服者になれる。**星山**・1等三角点の頂上は眺望抜群だ。

下山は往路を戻る。

健脚者なら、頂上から櫃ヶ山《ひっせん》までの縦走を楽しんでもよいだろう。ただし、櫃ヶ山まで約6㌔、3時間を必要とする。東登山口から櫃ヶ山登山口の久納《くんのう》までは6時間をみなければならないだろう。

（山本廣康）

67・44・2607、勝山美しい森☎0867・44・5454（真庭市勝山振興局）、フクモトタクシー☎0867・44・3175

■2万5000分ノ1地形図

横部

CHECK POINT

1 勝山美しい森のビジターセンター

2 アカマツ林の中を進む

3 前山への分岐。下山時に通ると楽

4 星山山頂。いっきに展望を獲得

09 展望至上の「湯原富士」に登る

櫃ヶ山

ひつがせん
953m

日帰り

歩行時間＝3時間30分
歩行距離＝6・5㎞

技術度
体力度

米子《よなご》自動車道を湯原《ゆばら》ICで降りると、白い傘のような建物の向こうに錐形の山が見える。それが櫃ヶ山である。

国道313号を3キロほど下った久納《くんのう》という集落が登山口となる。毎年10月下旬の日曜には「ほっとスカイウォーク」と称して市民登山が催され、県内外から500～800人の参加者がある。学校登山も行われ、一年を通して登山者の絶えない山だ。また、インターチェンジに近い高台にあるスポーツ公園内に、2005年の岡山国体を機に、充実したクライミング施設がつくられ、全国大会も開催される。麓には湯原をはじめ、下湯原、真賀《まが》、足《たる》といった温泉場が連なり、登山や登攀後の汗を流せて心いやされる地だ。

星山からの縦走路より櫃ヶ山を見る

北方にある社（やしろ）ダムから見る櫃ヶ山

「**櫃ヶ山登山口**」の標識を斜め右上方に登って、そのまま集落を抜け、道の曲がりに沿って進む。孟宗竹のやぶの道から、桧林の急な山肌のトラバース道を北方へたどる。標高460メートルあたりに星山《ほしがせん》からの林道が造設されている。

道はなおも林の中を北東へ、櫃ヶ山から遠ざかるように進み、ジグザグに登って尾根筋に上がる。大きな石の重なる道を抜けると**五合目**。眺望が開け、休憩をすれば気分はグンと楽になる。ササやカヤの急坂を2度ほど直登すると**七**

コース定数＝16	
標高差＝665m	
累積標高差	↗750m ↘750m

■**鉄道・バス**

往路・復路＝久納登山口まではJR中国勝山駅から真庭市コミュニティバスの蒜山・湯原温泉行きが利用できる。所要時間25分。

■**マイカー**

米子自動車道を湯原ICで降り、国道313号を3・5キロほど走った久納集落が登山口。国道脇に駐車スペースがある。3～4台駐車できる。

■**登山適期**

新緑の5月と紅葉の10月が最適。冬から春は、登山口と頂上は天候に大差があり、充分な注意としっかりした準備が必要。

■**アドバイス**

▽星山への縦走路はよいコースである。櫃ヶ山（3時間）星山（1時間）星山東登山口。ただし、前もって車の手配をしておく必要がある。

▽湯原クライミングセンターは、高さ15メートル、幅4メートルのリード壁が2面。高さ4メートル、幅27メートルのボルダー壁があり、いつでも利用できる。ただし事前に真庭市湯原支局へ連絡が必要。

▽5キロほど上に露天風呂で名高い湯原温泉があり、旅館やホテルも充実している。2005年の国体山岳競技には全国からの参加者がここに集まった。問合せは湯原観光情報センター（☎0867・62・2526）へ。

■**問合せ先**

合目をすぎてやや平らな草地に着く。標識板があり、左に「銀嶺水」と記されていて、3分ほど下れば水が得られる。

右に「天狗《てんぐ》の森」と記された道に入ると、15分ばかりの回り道になる。ブナ、カツラ、ケヤキなどの大木の原生林があって、夏でも涼しく、回り道が気にならない。標識板をまっすぐ行けば通常の登山道だ。854トル《メー》ピークの下をトラバースして鞍部に着くと、天狗の森経由の道と合流する。ここからは急登で、階段を登ると**櫃ヶ山**頂上である。北方に大山《だいせん》をはじめ、作州《さくしゅう》西部の山々が360度展望できる。

下山は星山へ続く西の稜線を400トル《メー》ほど進んで左手に下る。広葉樹の森林を谷川沿いに下ると、家並みのなくなった**大庭皿**《おおばさら》から竜《りゅう》頭《ず》ノ滝の音を聞きながら国道に出る。

（山本廣康）

CHECK POINT

1 国道313号の久納にある櫃ヶ山登山口。駐車場は建物の右隣にある

2 五合目。尾根道になり、眺めもよく、気分が上昇する

3 3等三角点の頂上は眺望絶佳である

4 稜線から下山路への分岐点。ここから尾根筋を下る

真庭市湯原振興局地域振興課☎0867・62・2011、真庭市コミュニティバス「まにわくん」☎0867・44・2622（中鉄美作バス）、フクモトタクシー☎0867・44・3175

■2万5000分ノ1地形図

横部

西の櫃ヶ山から見る三坂山。左の山は摺鉢山

大山みち間道の山生から遠望する三坂山。林道を車が入るところまで行き、七曲がりを登って道祖神の峠にいたる

10

大山往来の難所で、かつて十州を展望した岩峰

三坂山《みさかやま》

903m

日帰り

歩行時間＝4時間
歩行距離＝11・0㎞

技術度
体力度

コース定数＝18
標高差＝589m
累積標高差 680m 680m

「来いとゆたとて行かりょか湯原三坂三里は五里ござる」と俗謡に歌われた三坂越えは、「大山《だいせん》みち」の難所であった。三坂山の頂上から振り分けるように南と北に切り通しの峠があり、トラバース道がつながっている。湯の町・湯原《ゆばら》へ越すのに距離以上に長く感じたのだろう。南の峠を十国峠《じっこく》とよび、四方十州が望めたことに由来する。峠番がいて、津山《つやま》藩より十石《じっこく》が給付されたという十石茶屋跡に「国名起源碑」があり、三坂は「美《みま》作《さか》」の起源の地だというのである。北の峠には道祖神の碑があり、東の山生《さんしょう》から谷をつめてジグザグに七曲がりを上がってここへ合流する地点でもあり、要衝であることを示す。

禾津《いなつ》バス停から東へ旭川《あさひ》を渡り、小川《こがわ》から釘貫《くぎぬき》へ。富《とみ》に通じる広い道を釘貫川沿いに遡ると右手に三坂橋がある。「大山みち」の標識があり、右に渡って林道をたどる。登山口まで車が入れる道幅ではあるが、荒れていて四輪駆動車でないと無理である。三坂橋から首切地蔵を経て登山口までは2キロほどだ。

登山口からは、桧林から雑木林に変わる木下道を右に左に、しだいに大きく折れ曲がって登ると、30分ほどで**道祖神の立つ峠**に着く。道は往時をしのばせて樋状になって、崩れ残った敷石があり、題目石《だいもくいし》や釜地蔵《かまじぞう》そして「右久せ・左山しやう」の道しるべなどが通行の安全を祈っている。

道祖神の立つ峠から山頂へは右へ尾根を登っていく。およそ700メートルの距離。はじめはササの中の踏跡を進み、急坂とピークを数回繰り返しながら足もとの悪い岩場をたどると、40分ほどで**三坂山**の山頂に達する。「十国」の名をもつにふさわしく、周辺の名だたる山々が一望のもとだ。

下りは南へ十国峠を回って下りてみよう。まもなく左手が切り立った崖道に注意しながら右に折れて、桧林の中を400メートルほど下るとおよそ20分で**十国峠**に着く。

十国峠からはトラバース道を**道祖神の立つ峠**までゆっくり歩いて15分。そこから**登山口**まで20分で下ることができる。（山本廣康）

■鉄道・バス
往路・復路＝JR中国勝山駅から蒜山高原・湯原温泉行きの真庭市コミュニティバスに乗り、湯原温泉の手前、禾津バス停で降りる。
■マイカー
米子自動車道湯原ICから県道326

CHECK POINT

1 小川から大山みちへの入口。三坂橋を渡る

2 首切地蔵。向かいに休憩舎がある

3 道祖神石碑の立つ峠。三坂山山頂へは写真右奥の道を行く

4 険しい岩道を登ると山頂に着く

号に入り、2㌔ほど先の三坂橋を渡って大山みちに入り、林道登山口へ。

■登山適期
新緑の5月と紅葉の11月が最適。

■アドバイス
▽その他のコースを紹介しよう。①「大山みち」を南から登るコース＝JR久世駅から県道久世中和線を約1時間北進し、三坂に着く。三坂川沿いの大山みち遊歩道を約2時間で十国峠へ。②東から道祖神の峠へ登るコース＝県道久世中和線の伏ヶ茅から山生、足尾滝を経て林道終点へ（ここまで車進入可）。道祖神の峠を経て山頂へは1時間40分ほど。③西から十国峠へ登るコース＝国道313号の山久世から十国峠にいたる。寺谷川沿いの林道は車進入可能。十国峠までは30分ほど。
▽禾津から北へ湯原温泉、下湯原温泉、南へ足（たる）温泉、真賀温泉がある。問合せは湯原観光情報センター☎0867・62・2526へ。

■問合せ先
真庭市湯原振興局地域振興課☎0867・62・2011、真庭市生涯学習課☎0867・42・1094、真庭市コミュニティバス「まにわくん」☎0867・44・2622（中鉄美作バス）、久世タクシー☎0867・42・0215

■2万5000分ノ1地形図
横部・美作宮原

11

老大木のブナ原生林にいやされる山懐

大空山・富栄山

日帰り

おおぞらやま 1104m
ふえいざん 1205m

歩行時間＝5時間
歩行距離＝9・5㎞

技術度
体力度

コース定数＝19
標高差＝522m
累積標高差 795m 795m

↑西側の霞ヶ山山麓より望む富栄山（中央左の最高峰）と大空山（右の稜線ピーク）

←富栄山山頂の展望台。那岐山、泉山から蒜山へ、岡山県北部の山々の眺めがすばらしい

鏡野《かがみの》町の旧富《とみ》村北部、目木《めき》川の富東谷《とみひがしだに》と余《よ》川の富西谷《とみにしだに》にはさまれたところにひとつの山塊がある。その山塊を代表して、最も展望のよい地点に三角点を置いて「大空山」と称した。しかし山塊中の最高峰はそれより1・5㌔ほど北にある。地元の人が遊歩道をつけ、国土地理院も1985年に測定し、三角点を置いた。最高峰に名前がないことには志気があがらないということで、1989年に一般募集して命名されたのが「富栄山（富が栄える山）」である。標高も修正されて、1206㍍から1205㍍となり、地形図にも新しく名前が載った。それゆえに地域の人も愛着が深く、最近、大空山牧場からの縦走路が整備され、展望台も設置されている。ふぐるみ遊歩道や山麓にあるのとろ原キャンプ場、のとろ温泉天空の湯と

■鉄道・バス
往路・復路＝JR姫新線津山駅からかがみの町営バスがあるが、最寄りバス停から登山口までは10㌔近くあり、マイカー利用が一般的。

■マイカー
米子自動車道久世ICから県道65号久世中和線で約21・5㌔、約30分。

■登山適期
初夏の新緑、夏の森林浴、秋の紅葉がよい。

■アドバイス
▽大空山へは南の篠坂から放牧場の中の作業道を登ることができる。牧場上部の電波塔の西に通路があるが、牧場の鉄線があるので要注意。
▽のとろ原キャンプ場の利用は毎年7月1日～8月31日まで。
▽のとろ温泉天空の湯は10～17時（冬期は11～17時）の営業で、湯上がりには食事、喫茶、物産品の購入も楽しめる。毎週月曜が休館。

■問合せ先
鏡野町富振興センター☎0867・57・2111、のとろ原キャンプ場☎0867・57・2102、のとろ温泉天空の湯☎0867・57・2006

■2万5000分ノ1地形図
富西谷

もども、力を入れて守っている。

のとろ原キャンプ場から植林の中のアスファルト道を約10分、「岡山市政80周年記念造林地」の石碑の立つところが**登山口**で、ふぐるみ遊歩道がはじまる。

この遊歩道をたどればやがて登山道となる。階段が設置された道を登り、平坦路と階段登高を繰り返し、取り付いた尾根を越える。井手《いで》ノ谷《たに》川筋に下り、上部の**丸木橋**を渡る。杉林に入り、右折して右の尾根に登るが、標識があるので要注意。

尾根道は緩急を繰り返しながら、しだいに傾斜が険しくなる。やや緩くなってトラバース道になるとふぐるみ原生林である。ブナやミズナラの大木がそこはかとない精気を包みかけてくれる。朽ち倒れた老木も含めて、これほど深いブナの森は珍しいだろう。このコース最大の魅力である。

ブナ林の道はやがてジグザグに急登となる。登りつめたところで緩やかになり、稜線へ向かって尾根の直下を水平に進むと**富栄山縦走路に合流**する。登山口から約3・2キロだ。

富栄山へは北へ向かって稜線を行く。道は密生するネマガリダケを切り開いて整備されている。約0・8キロ、25分ぐらいで**富栄山**山頂に着く。

山頂でしばらく時をすごしたら、**合流点**へ引き返し、南へ20分ほどで**大空山**だ。時間に余裕があればさらに進み、電波塔の建つ牧場上に出て、眺めを楽しんでいってもよい。

下山は往路を戻る。

（山本廣康）

CHECK POINT

1 井手ノ谷川を渡る丸木橋。上部杉林から右へ、尾根に上がる

2 ふぐるみ原生林のトラバース道を行く

3 稜線で富栄山縦走路に出合う。右・大空山、左・富栄山

4 大空山山頂。3等三角点がある

12 自然を楽しみながら静かな山旅を満喫

津黒山《つぐろせん》 1118m

日帰り

歩行時間＝1時間40分
歩行距離＝2・0km

技術度
体力度

コース定数＝7
標高差＝358m
累積標高差 ↗355m ↘355m

←蒜山吉田から望むなだらかな山容の津黒山

←登山口の基幹林道脇の展望台から津黒高原、蒜山、大山を望む

湯原《ゆばら》・奥津《おくつ》県立自然公園の一角にある津黒山は、津黒高原の南になだらかな山容でそびえている。

ややもすると蒜山《ひるぜん》の陰に隠れて忘れられた存在になっている。それだけに、蒜山のように華やかさはない反面、自然を楽しみながら静かな山旅が満喫できる。

登山道は、真庭《まにわ》市営津黒高原荘の入口から基幹林道美作《みまさか》北2号を2キロほど上がると、林道脇に「登山口150メートル先」の標識が立っている。すぐ先にある展望台からわずかに行くと「津黒山登山口」の標識が目に入る。ここが新設された**登山口**だ。手前の展望台に駐車スペースがある。

登山ルートは、ほとんどが植林地帯の中を登っていくので、途中での展望は望めない。津黒山北面の植林された樹林の中をジグザグに登りはじめる。しばらく行くと山頂から派生した北西の尾根の、左は人工林、右は自然林の中をほぼ直登する。5分ほど登ると再び桧の人工林の広い尾根を登るよう

■鉄道・バス
往路・復路＝JR姫新線中国勝山駅前から、中鉄バス蒜山高原行きで初和バス停下車。地域を巡回する市営バスに乗り換えて津黒高原口まで行く。ただし市営バスは便数が少なく、日曜、祝日の運行はない。いずれにしても登山者を対象としていないので不便だ。

■マイカー
米子自動車道湯原ICから国道313号を蒜山方面に北上、新熊居トンネルを抜け、初和大橋の信号を右折、国道482号に入る。津黒高原への案内にしたがい、右折して津黒高原に着く。

■登山適期
4月の残雪期や5月の新緑のころ、10月下旬の紅葉のころが最もすばらしい。冬は麓のスキー場でスキーが楽しめる。

■アドバイス
▽麓の津黒高原には真庭市営の蒜山なごみの温泉・津黒高原荘（☎0867・67・2221）があり、温泉のほかキャンプ場、温水プール、スキー場などの施設がある。温泉はラジウム系単純泉で、日帰り入浴も可能。時間に余裕があればひと風呂浴びて山旅の疲れをいやすのもよい。入浴時間は14～20時（土・日曜、祝日は12時～）。
▽歩行時間が短くものたりない人

になる。

登山口から30分ほど登ると、いったん傾斜は緩くなるが、すぐにまた急登となる。尾根も狭くなり、人工林を抜ける。雑木林の中を進むにつれてなだらかな尾根となり、視界も開けてくる。

カラマツ林やネマガリダケの中を登っていく。ネマガリダケ、チマキザサが広がった、なだらかな草原となり、さらに進むと2等三角点のある**津黒山**山頂だ。眺望は雄大で、北に日本海、山陰海岸、北西には津黒高原、下蒜山、中蒜山、その向こうに大山《だいせん》、そして大山に連なる矢筈《やはず》ケ山《せん》、甲《かぶと》ケ山《せん》、勝田《かつた》ケ山《せん》、船《せん》上山《じょうさん》が望まれる。南には中国山地の山並みが展開している。

山頂から稜線は、南に白髪《しらす》山《せん》、山乗山《やまのりせん》へと連なるが、踏跡はなく、縦走するには手強いやぶこぎを強いられる。

帰路は登って来た道を引き返すしか方法はない。　（岡本忠良）

山頂に咲くレンゲツツジ

CHECK POINT

1 基幹林道脇の登山口から人工林の中を登っていく

2 水場への分岐をすぎてカラマツ林の中を進む

3 雄大な展望が楽しめる草原状の津黒山山頂

は、津黒高原荘からスキー場内を、山腹に見える展望台目指して登るとよい。約20分で登山口に着く。

▽近くには県下最大の渓流美を誇る山乗渓谷があり、ブナ林をはじめ、さまざまな自然が楽しめる。遊歩道も整備されていて、滝壺に立つ不動明王像が迎えてくれる。また林の中を通る県道中和久世線沿い約2㌔にわたる清らかな水流の植杉渓谷は、森林浴など絶好のポイント。

■問合せ先
真庭市蒜山振興局中和出張所☎0867・67・2111、真庭市蒜山振興局地域振興課☎0867・66・2511

■2万5000分ノ1地形図
富西谷・下鍛冶

13

湿原の花、ブナの林と展望を楽しむ周遊コース

県立森林公園

けんりつしんりんこうえん

1090m（千軒平）

日帰り

歩行時間＝3時間50分
歩行距離＝8・5km

技術度

体力度

コース定数＝15

標高差＝250m

累積標高差 515m 515m

すずのこ平の下から千軒平ともみじ平を望む

おたからこう湿原。一面にオタカラコウが咲く

清らかなもみじ滝

岡山県立森林公園は、鏡野《かがみの》町にあり、鳥取県との県境に位置する。県民が自然とふれあうことを目的に明治百年記念事業として計画、開園された。「森林公園岡山県」と彫られた大きな石碑の入口を入ると、すぐ右に八角屋根の管理センターがある。公園内の動植物の写真や解説などの展示があり、ガイドマップも置いてあるので寄っていこう。コースは多様で、登山道や指導標もよく整備されている。時間と脚力に応じたコースを選ぶとよい。ここでは、もみじ滝から千軒平、すずのこ平と、県境界を右回りに4分の3周するコースを紹介しよう。

■鉄道・バス

往路・復路＝バスの場合は、JR津山駅前から中鉄北部バス奥津温泉・上斎原行きに乗り、奥津振興センター前バス停で下車後、タクシーで県立森林公園へ、約30分。

■マイカー

中国自動車道院庄ICから国道179号を約18㌔北上、標識にしたがい県道116号神原から林道を進むと森林公園へ入る。駐車場は公園の境界入口から管理センター入口までの間に6箇所あるので、できるだけ入口近くに駐車するとよい。

■登山適期

森林公園の開園期間の4月下旬～11月末日まで。渓流沿いの湿原では、ミズバショウ、バイケイソウ、ザゼンソウ、オタカラコウなどの湿原植物が季節を追って見られ、秋にはマユミの大木が赤い実をつける。

■アドバイス

▽昭和50（1975）年7月に開園された森林公園の面積は334㌶。中国脊梁山地に展開し、裏日本型に属している。

■問合せ先

鏡野町役場上齋原振興センター☎0868・44・2111、森林公園管理センター（4～11月）☎0868・52・0928、おかやまの森整備公社☎0868・28・7744、中鉄北部バス☎0868・27・282

管理センターを出発し、まゆみ園地から中央園路に出る。４月にはミズバショウの咲く湿地を右に見て進み、かえで園地で左に行く。千軒平への登山道入口①、おたからこう湿原を経て、**もみじ滝**に着く。落差が30《メートル》あり、園内の滝では最大だ。

ひと休みしたら右の尾根道を上がり、稜線のもみじ滝の分岐に出る。右折して登山道入口①への道が分かれる中央園路の分岐をすぎ、20分ほど登ると**千《せん》軒平《げんだいら》**に着く。森林公園での最高の展望台で、蒜山《ひるぜん》や大《だい》山《せん》など、360度のすばらしい展望が楽しめる。

千軒平からは、ブナの美林をすぎて**もみじ平**へ。15分ほど下ると**県境三差路**に着く。休憩舎があり、ここから登山道入口②へ下ることもできる。

コースの後半に入り、大杉・奥ぶなの平分岐をすぎると、公園最北端の**すずのこ平**だ。左から、きたけ峰や、歩いてきた千軒平、もみじ平、遠く大山と眺望を楽しむことができる。

休憩後は、境界点に立つ標柱を右に曲がり、T字路の標柱で再度右に進む。境界線の切り開きがまっすぐついているので直進しないこと。ブナ林の中の登山道を下ると**奥ぶなの平**に着く。さらに指導標にしたがい、根曲り杉、**六本杉**、オオヤマザクラの地点を通り、中央園路に出て**管理センター**に帰る。（岸本伍郎）

CHECK POINT

森林公園の管理センター。ぜひ立ち寄っていこう

千軒平は360度の展望が得られる

公園最北端に位置する、すずのこ平周辺の園路。展望がよい

ブナの大木が美しい奥ぶなの平

７、奥津観光バス☎０８６８・52・０７４０
■２万５０００分ノ１地形図
上斎原・下鍛冶屋

14

母子地蔵などの伝説と峠道をしのぶ県境の山

人形仙

にんぎょうせん
1004m

日帰り

歩行時間＝2時間5分
歩行距離＝3・5km

技術度
体力度

コース定数＝8

標高差＝254m

累積標高差 305m 305m

←母子地蔵から人形峠の肩（950メートル）を望む。山頂はこの奥にあり、見えない

←一本松付近からはすばらしい展望が広がる。母子地蔵や県境尾根、右に県北の山々を望む

人形仙は、鏡野《かがみの》町上齋原《かみさいばら》にあり、鳥取県との県境に位置している。旧人形峠から広域基幹林道美作北《みまさかきた》2号を約4キロ走ると、神子《みこ》ケ乢《たわ》の三差路に出る。200メートル先の道の左側（南側）に2本の大杉が立っており、反対側（北側）に登山口の案内板が設置されている。標高は750メートルだ。

登山口から広葉樹林の中の整備された広い登山道を進む。林を抜けると、はるか先の稜線に母子地蔵と標識を眺めることができ、少し歩くと**湿地帯**に出る。秋にはオタカラコウの花が満開になる。その中央あたりに、左方向に向けて人形仙への標識が立っているが、先に母子地蔵を訪ねよう。湿地の中を直進し、右の尾根の中腹の山道を登る。

稜線に出ると「史跡人形仙母子地蔵」の標柱と**母子地蔵の石仏**がある。「文化五戊辰年六月吉日」の文字が読みとれる。1808年だから、約200年、多くの人の信仰と旅の安全を祈念してきた石仏だ。

人形仙の東面を眺めながらひと

■**鉄道・バス**
往路・復路＝バスの場合は、JR津山駅前から中鉄北部バス越畑行きに乗り、上齋原振興センター前で下車（所要約1時間）、約3キロ、徒歩約45分。

■**マイカー**
中国自動車道院庄ICより国道179号を北上し、上齋原の旧国道人形峠に登る。峠のすぐ手前を左折し、広域基幹林道美作北2号に入り約4キロで登山道入口に達する。車はすぐ先、左測道の広いところに数台停めることができる。

登山口に2本の大杉が立つ

■**登山適期**
新緑、紅葉の時期がとくによい。

■**アドバイス**
▽山名は「人形峠」の名からきていると思われる。人形峠の由来は、昔、峠にハチの大王が住んでいて旅人を困らせていた。坊さんが通りかかってこのことを聞き、大きな人形をつくって峠に立てた。3日後に行ってみると、人形のそばにお化けのようなハチが死んでいた。木の人形を人間と間違えて何回もいどみ、力つき

休みしたら、**湿地帯**の標識まで引き返し、人形仙へ向けて山道を登っていく。ブッシュやカヤに覆われた山道を行くが、踏跡はしっかりついているので、よく見きわめていけば問題はない。カヤの急斜面に出るが、草丈が低いのでゆっくり登ろう。

一本松の横で休憩し、展望を楽しもう。少し登り、肩の部分からはササの中を行くと稜線の切り開かれた稜線分岐点に出る。下山時に位置がわかりにくいので、目印をつけるとよい。

右前方に樹木に覆われた頂上が姿を現す。背丈以上のネマガリダケの中の刈り払われた山道を進むと**人形仙**山頂だ。標柱と3等三角点の標石が立っている。頂上周辺だけ刈り払われているが、樹木に覆われていて見晴らしはまったくきかない。ここから先はやぶこぎとなり、進むことは厳しい。

休憩したら来た道を下山する。稜線分岐点まで下り、左折する。この地点を見逃して直進しやすいので注意したい。登ってきた道の踏跡を忠実にたどって、**湿地帯**を右折し、**登山口**に帰る。

（岸本伍郎）

湿地帯に咲くオタカラコウ

CHECK POINT

1 登山口に立つ案内板と広葉樹林の道

2 湿地帯の中を進んでいく

3 「文化五年」の銘がある母子地蔵

4 人形仙山頂。展望はまったくない

て死んだのだ。村人たちは、その人形を峠に埋めて守り神にしたことから「人形峠」とよばれるようになったという。

■問合せ先
鏡野町役場上齋原振興センター☎0868・44・2111、中鉄北部バス☎0868・27・2827、鏡野タクシー（古川）☎0868・54・0323、いつきタクシー（上齋原）☎0868・44・2020

■2万5000分ノ1地形図
上斎原

15

双耳峰の雄大な山容を誇る山

三ヶ上《さんがじょう》

1060m

日帰り

歩行時間＝3時間10分
歩行距離＝8・5㎞

技術度 体力度

コース定数	＝15
標高差	＝578m
累積標高差（登り）	680m
累積標高差（下り）	680m

上齋原《かみさいばら》から東を望むと、双耳峰の優美な山容を誇る山を見ることができる。三ヶ上である。山名の由来は、北東に因幡《いなば》の国、北西に伯耆《ほうき》の国、南に備前《びぜん》の国を望むことができることからといわれる。また、山頂が3つの頂からなっていることからとの説もある。

山頂周辺には2基の石仏が祀られ、山頂に山上行者座像、わずかに下がったところに不動明王の立像がある。山上行者の石仏には「天正元（1576）年」、不動明王の石仏には「天正4（1576）年」と、それぞれ建立された年号が刻まれている。

鏡野町《かがみのちょう》**上齋原振興センター**（旧上齋原村役場）前から奥津《おくつ》方面に200㍍《メートル》ほど戻り、湯ノ谷《ゆのたに》橋を渡る。すぐ左に折れて進み、吉井《よしい》川にかかる大橋を渡ると寺ヶ原《てらがはら》の集落に入る。民家の正面を右上に林道を登っていく。林道の取付には「三ヶ上↑」の標識が電柱に取りつけられ、林道が分かれている地点にはそれぞれ同様の標識が設置さ

↑上齋原から望む双耳峰の優美な山容を誇る三ヶ上

←山頂から踏跡をたどり、南峰、続いて三角点のあるピークへ向かう

■鉄道・バス
往路・復路＝バスの便があまりよくないので、マイカー利用が一般的。

■マイカー
中国自動車道院庄ICから国道179号を約28・5㌔ほど北上。上齋原振興センターの駐車場が利用できる。

■登山適期
4月の残雪、初夏の新緑、10月下旬から11月上旬の紅葉の時期が最適。冬期は県北の降雪量の多い地域なので避けたい。

■アドバイス
▽近くの恩原高原にはJAC（日本オートキャンプ協会）認定の本格的なオートキャンプ場があり、マイカーを乗り入れてアウトドアライフが楽しめる。
▽恩原高原のキャンプ場、国民宿舎いつきなどをベースに、県立森林公園や近くの山を訪ねるのもよい。
▽山旅のあとは、かみさいばら温泉の国民宿舎いつき（☎0868・44・2331、年中無休、日帰り入浴時間11～21時）で汗を流して帰るとよい。また、約7㌔下ったところには美作三湯のひとつ奥津温泉がある。

■問合せ先
鏡野町役場上齋原振興センター☎0868・44・2111、中鉄北部バス☎0868・27・2827

■2万5000分ノ1地形図
上斎原

れている。

　林道をしばらく登ると舗装が切れ、右へ大きく曲がる。正面に三ヶ上への簡単な案内板がある。ここで**林道と分かれ**、案内板にしたがって左に折れて、広い放牧場跡に出る。現在はこの放牧場跡もススキや雑木が生い茂っていて、かつての牧場の様相は呈していない。

　右前方に三ヶ上の頂を望みながら、広い尾根を登っていく。右に沢と出合ったところから左に折れ、トラバース気味に高度を上げていく。傾斜が増すにつれて尾根もせばまり、雑木林の中をさらに登り続けると鉄製の扉がある。ここをすぎると傾斜はさらにきつくなり、ロープも固定されている。

　山頂から派生した**稜線**に出て、ブナの大木、杉の古木を右に見ながら進むと展望も開け、頂上を目の前に望める。登って来た上齋原の集落、恩原《おんばら》高原、中国山地の山並みが一望できる。尾根をたどると、役行者《えんのぎょうじゃ》の石像に迎えられて、静かな**三ヶ上**山頂に着く。かすかな踏跡をたどって南のピークに登り、稜線を右に折れてわずかに下った先の南西の**ピーク**に3等三角点がある。

　南のピーク、三角点のある山頂から先は、踏跡もなくネマガリダケの密集した稜線で先へは進めない。山頂での展望を楽しんだら、往路を下る。


（岡本忠良）

CHECK POINT

1 大橋を渡って寺ヶ原集落へ。民家の正面を右上に上がる

2 林道分岐。左折して広い牧場跡に向かう

3 鉄製の扉をすぎると傾斜が増す

4 山頂には役行者石像が鎮座する

山頂直下にある不動明王立像

←国道179号の下齋原付近から、山あいに静かにたたずむ花知ヶ仙を望む

←山頂が近くなると傾斜も緩やかになり、ブナの林のなかを登るようになる

16

遠藤杉の天然母樹林と自然がいっぱいの山

花知ヶ仙

はなちがせん
1247m

日帰り

歩行時間＝1時間45分
歩行距離＝1・0km

技術度
体力度

コース定数 ＝6	
標高差 ＝281m	
累積標高差	↗ 270m ↘ 270m

吉井《よしい》川本流源流域の山系で最も標高が高い花知ヶ仙は、山懐深くに位置している。その姿は国道179号を走っていると下齋原《しもさいばら》で東方に見える程度で、麓からは概して目立たない山である。また登山口近くの北山麓は、岡山県産遠藤《えんどう》杉の天然母樹林だ。

花知ヶ仙へは、国道179号を人《にん》形峠《ぎょう》手前の石越《いしごし》で右折、国道482号を経て遠藤の集落を通り抜け、しばらく遠藤川の右岸を走る。舗装された道が終わるころ、前方に花知ヶ仙が望めるようになる。遠藤林道との分岐を右に、三《み》ツ子原《ごはら》林道に入る。林道の分岐点一帯が遠藤杉の天然母樹林であり、案内板も設置されている。

三ツ子原林道を1・6キロほど行くと、林道が大きく右に曲がる地点の正面に、花知ヶ仙登山口の案内標識が目に入る。左山側から小さな沢が流れており、ここが**登山口**だ。

沢沿いに150メートルほど登ると、**1000メートルの鞍部**に出る。山頂まで600メートルの標識があり、ここから左に稜線をいっきに登る。人工林の中をしばらく行くと、両側はしだいにネマガリダケの密集した

■鉄道・バス
往路・復路＝バス便はよくないので、マイカーを利用した方が動きやすい。

■マイカー
国道179号を人形峠手前の石越で右折、国道482号を恩原方面に入り、5・2キロほど走る。遠藤入口で右折、遠藤川沿いに南に進む。しばらく遠藤川の右岸を走り、遠藤林道との分岐を右に、三ツ子原林道に入

急登となる。

稜線上に大きなブナの木が現れると、急な登りも緩やかになり、山頂は間近だ。少し登ると前方が開け、2等三角点のある**花知ヶ仙**頂上に着く。樹木が覆い繁っていて、展望はあまりよくない。北側の樹間から鳥取県境の山並みを望むことができる程度だ。

頂上から先、南に尾根はのびているが、まったく踏跡はなく、先へは進めない。帰路は登ってきた道を引き返す。急な下りなので、充分注意して下山したい。

（岡本忠良）

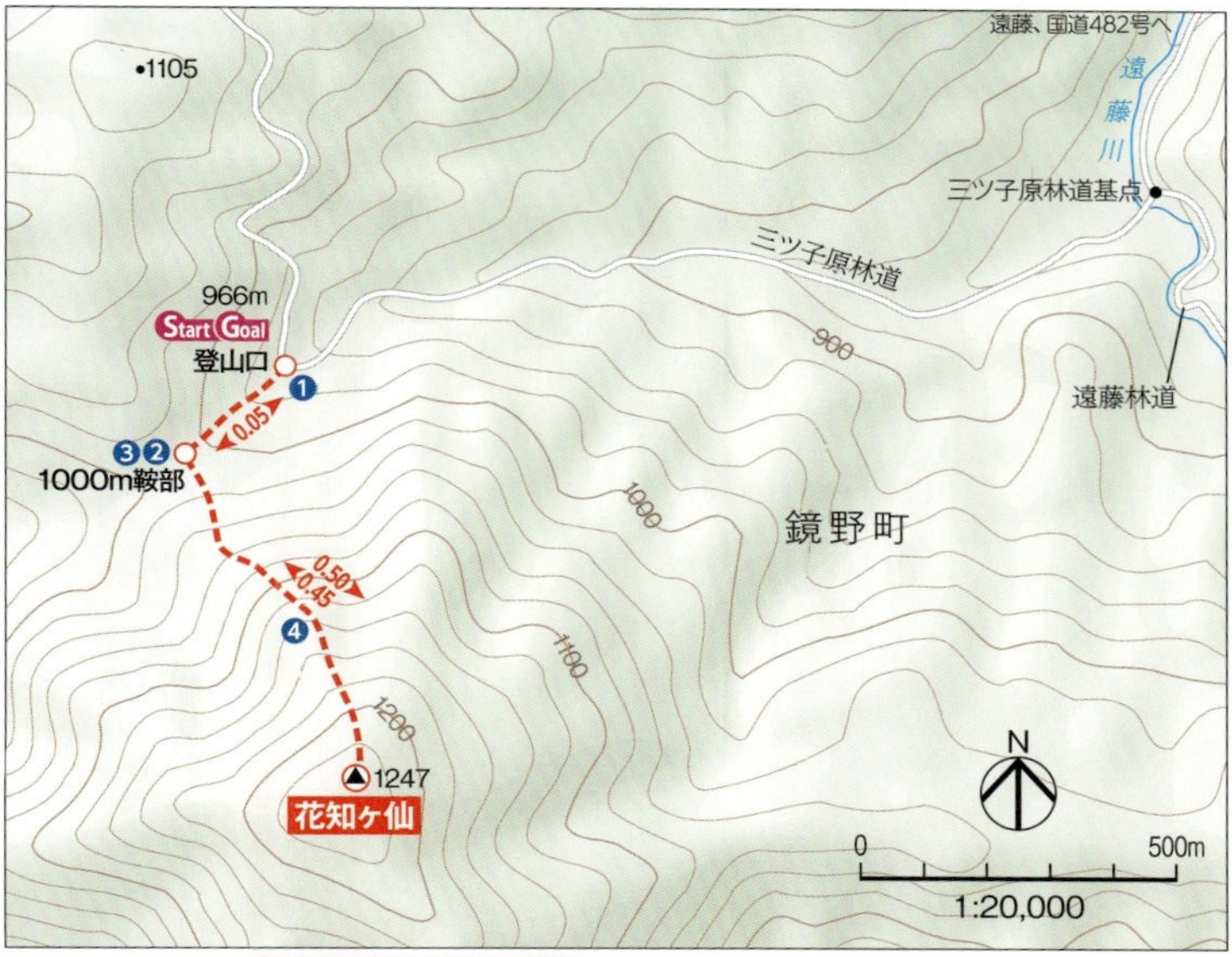

CHECK POINT

林道脇にある花知ヶ仙登山口の標識

1000メートルの鞍部。山頂まで600メートルの標識を左に折れて登る

1000メートルの鞍部で左折。ネマガリダケの中を登る

ネマガリダケから雑木林の道に変わる

吉井川本流域の山系で最も高い2等三角点のある花知ヶ仙山頂

る。三ツ子原林道を1・6キロほど行くと、林道が大きく右に曲がる地点の正面に、花知ヶ仙登山口の案内標識がある。左山側から小さな沢が流れているところが登山口。付近の林道脇に適当な駐車場所がある。

■登山適期
春の残雪期、新緑のころ、秋の紅葉のころが最高。夏はやぶ山なので暑さに注意したい。また県北の降雪量の多いエリアなので冬期は避けたい。

■アドバイス
▽登山口まで林道が入っているので、マイカーで林道を利用すれば簡単に頂上に立つことができる。
▽近くの恩原高原には、JAC（日本オートキャンプ協会）認定の本格的なオートキャンプ場があり、マイカーを乗り入れて、アウトドアライフが楽しめる。そのほか、宿泊施設、青少年旅行村キャンプ場などもある。
▽山旅のあとは、かみさいばら温泉の国民宿舎いつき（☎0868・44・2331）で汗を流し、疲れをいやすこともできる。また、上齋原から約7キロ下ったところには美作三湯のひとつ奥津温泉がある。

■問合せ先
鏡野町役場上齋原振興センター☎0868・44・2111、中鉄北部バス☎0868・27・2827

■2万5000分ノ1地形図
上齋原

正面登山口から見る天狗岩の岩峰

17

ブナの林と展望のよい2つの峰へ

三十人ヶ仙・天狗岩

さんじゅうにんがせん 1172m
てんぐいわ 1197m

日帰り

歩行時間＝5時間45分
歩行距離＝10・0km

技術度
体力度

コース定数＝**22**

標高差＝570m

累積標高差 800m 800m

三十人ヶ仙と天狗岩は、津山《つやま》市加茂《かも》町倉見《くらみ》と鏡野《かがみの》町上齋原《かみさいばら》の境、氷ノ《ひょう》山《せん》後山《うしろやま》那岐山《なぎさん》国定公園および湯原奥津《ゆばらおくつ》県立自然公園内にある。**県立勝間田《かつまた》高校倉見演習林宿舎**（627メートル）を少し南に下り、右の柳谷《やなぎだに》林道を西へ約1キロ、杉の美林の中に立つ演習林の標柱をすぎ、少し歩くと**林道分岐点**に出る。天狗岩と三十人ヶ仙のそれぞれの方向を向いた道標が立っている。

ここでは三十人ヶ仙の方向に右折する。数分歩き、「天狗岩・三十人ヶ仙」の標柱にしたがって左折、杉林の中の休憩小屋をすぎ、谷川の**コンクリート橋**を渡る。このあたりはブナ、カエデ、ヤマザクラなどの大木が残っている。

杉や桧の植林地の中の曲がりくねった林道を「登山道」の標識にしたがって登ると、**林道終点**に着く。丸太の階段の登山道を登り、左の尾根に取り付き、急な登山道を直登すると稜線の山道に出る。

稜線分岐点に天狗岩と三十人ヶ仙を示す標識が立っている。ブナなど広葉樹の大木の天然林が残っている場所だ。まず三十人ヶ仙に登ろう。右（北）方向にネマガリダケを切り開いた稜線の山道を行く。小ピークを越えると4等三角点がある**三十人ヶ仙**だ。東に那岐連峰、南に天狗岩、西に花知《はなち》ヶ仙《せん》などの展望が楽しめる。

稜線分岐点まで戻り、時間と体力が許せば天狗岩を往復しよう。標識の矢印の方向（南）へ、杉や広葉樹林の稜線沿いの山道を行くと、遠藤越《えんどうごえ》のコルに出る。古くか

天狗岩山頂から雄大な那岐連峰を望む

■**鉄道・バス**

往路・復路＝バスの運行はないので、JR美作加茂駅から県立勝間田高校倉見演習林宿舎までタクシーを利用する。約17・5キロ。

ら東の加茂と西の上齋原遠藤を結ぶ生活道だったが、近年利用されなくなったので、ネマガリダケに覆われ、通れなくなった。

ブナの大木が残る山道を登ると**天狗岩**に着く。大岩が3つあるが、東側は絶壁のため気をつけよう。岩の南の平地に、天狗岩山頂を示す3等三角点の標石がある。展望はすばらしく、南に角《つの》ヶ仙《せん》と泉山《いずみがせん》、東に那岐山・後山の連峰、左に氷ノ山、西に大山《だいせん》が望まれる。

岩峰から往路を少し引き返し、東に下る道は正面登山道で、林道を下れば柳谷林道分岐点の標識に下る。家族やグループでは急斜面の下山は危険なので、そのまま往路を引き返そう。**稜線分岐点**まで戻り、東方向に来た道を忠実にたどって下山する。

（岸本伍郎）

CHECK POINT

杉の美林の中に立つ演習林の標柱

階段が整備された急な登山道を直進する

稜線分岐点に立つ標識。付近はブナの大木が多い

天狗岩山頂の大岩

■マイカー

中国自動車道津山ICより国道53号を鳥取方面に約4キロ向かい、県道6号をJR因美線沿いに北上、旧加茂町に入る。県道75号で加茂支所前を通過後、県道336号を北上する。途中、黒木ダムや黒木キャンプ場、大ヶ山への林道をすぎると倉見の集落に着く。北へ約4キロ進むと、県立勝間田高校倉見演習林宿舎がある。駐車場はないが、宿舎手前の道路の広いスペースに数台駐車できる。

■登山適期

新緑、紅葉のころがとくによい。夏は林内や谷筋の冷気がよい。

■アドバイス

▽山名は、昔この山で砂鉄を掘っていて、山が崩れて30人の鉱山労働者が生き埋めになったことによるという。また天狗岩は、天狗大岩ともよばれ、山上にある大岩に天狗が棲んでいたという伝説による。

▽家族や集団登山では紹介したコースを歩こう。健脚者なら柳谷林道分岐点から直進し（1時間）、正面登山道を天狗岩へ直登する（1時間40分）のもよい。

■問合せ先

津山市加茂支所☎0868・32・7034、加茂タクシー☎0868・42・3020

■2万5000分ノ1地形図

加瀬木・美作加茂

18 急斜面の登山道を登って円錐形の独立峰へ

角ヶ仙

つのがせん 1153m

日帰り

歩行時間＝3時間
歩行距離＝4・0㎞

技術度

体力度

コース定数 ＝**12**

標高差 ＝503m

累積標高差 ↗520m ↘520m

←露岩の下の平坦なピークからは登山コースや泉山の展望がすばらしい

越畑坊ヶ市から望む角ヶ仙

角ヶ仙は、鏡野《かがみの》町と津山《つやま》市加茂《かも》町の境に位置し、湯原奥津《ゆばらおくつ》県立自然公園内にある。山麓には越畑《こしはた》キャンプ場があるが、平成16年7月に閉鎖されている。そのキャンプ場跡西端の広場上部の左から**登山道**に入る。標高650㍍地点だ。

「角ヶ仙登山道」と、一字ずつ書かれた大きな文字板の立つ、整備された急階段の登山道を直登し、尾根道を進むと**展望台**に着く。山名の案内板があり、樹間から那岐《なぎ》連峰、天《てん》狗寺山《ぐうぎさん》、黒沢山《くろさわやま》、泉山《いずみがせん》（左から）を眺めることができる。

稜線の登山道を登り、展望のない**950㍍ピーク**を越え、いったん下って擬木の階段を登ると990㍍石柱のある平坦なピークに達する。このあたりからは、泉山から那岐連峰、山頂への稜線などの展望を楽しむことができる。

山頂への急な登りとなり、露出した岩を通過。なおも急な山道を直登すると**角ヶ仙**の山頂に着く。3等三角点の標石がある。北側は広葉樹が茂り展望は悪いが、他の3方向はすばらしい眺望が得られる。南斜面はササに覆われた急斜面で、眼下にキャンプ場跡地の広場が見える。

下山は、ファミリー登山では来た道をゆっくり引き返すのが安全だ（所要1時間15分）。足に自信のある人は、南斜面の急な尾根のササの中を、踏跡や赤い印をたどりながら下降していこう。滑落に要注意だ。

広葉樹の尾根から桧林を通り、左側の谷へ下り、少し行くと荒れ

尾根への道が山頂へのびる

CHECK POINT

キャンプ場跡地西端の登山道を登っていく

950㍍ピーク。展望はないが、ひと休みして左に下る

山頂直下に露出した岩がある。左側を登る

山頂の三角点から右前方の急斜面を下山する

た林道に出る。林道を左に下っていくと基幹林道美作北《みまさかきた》線に出て、舗装道路を歩き、登山口に帰る。

右上の広場からは、角ヶ仙の端正で美しい姿を望むことができる。（岸本伍郎）

■鉄道・バス
往路・復路＝バスの場合、鏡野町役場から鏡野町営バス越畑行きに乗り、越畑上で下車し、歩く（約1・5㌔、十数分）。日曜、祝日は運休。季節により変動するので、事前に鏡野町役場に問い合せること。

■マイカー
中国自動車道院庄ICより国道179号から県道392、75号で越畑を経由して基幹林道美作北線で登山口へ。約24㌔。院庄ICより国道179号で奥津温泉の道の駅上部を右折、笠菅峠から越畑に下り、右記の道を登山口に入ることもできる。閉鎖されたキャンプ場の駐車場が利用できる。

■登山適期
新緑、紅葉の時期がとくによい。真夏の炎天下の登山は厳しいので、早朝登山がよい。

■アドバイス
▽山名は、左右に裾野を張った円錐型の独立峰の山容が、牛の角を思わせるからといわれるが、確たる説ではない。

■問合せ先
鏡野町役場☎0868・54・2111、鏡野タクシー（古川）☎0868・54・0323、いつきタクシー（上齋原）☎0868・44・2020

■2万5000分ノ1地形図
奥津・美作加茂

←井水山から見た泉山山頂。展望を楽しみながら快適な尾根歩きができる

←中央峰の南側直下から井水山と津山高校小屋。左に下る道は中林コース

19

稜線の展望を楽しみながら雄大な秀峰へ

泉山

いずみがせん
1209m

日帰り

歩行時間＝3時間55分
歩行距離＝7・5km

技術度
体力度

コース定数	＝**19**
標高差	＝773m
累積標高差	↗ 935m ↘ 518m

泉山は鏡野《かがみの》町に位置し、地元の人からは「いずみやま」とよばれ、四季親しまれている。湯原奥津《ゆばらおくつ》県立自然公園内にあり、この地域のシンボルとして朝夕仰ぎ見られる山である。

登山口は、標高約400メートルの**泉《いずみ》嵓《いわ》神社鳥居**の前。かたわらに御神燈や、泉山の案内図、道標などがある。

途中、拡幅された新しい林道から左の旧林道に入り、右側の「Aコース入口、山頂まで4・5キロ」の道標がある**福《ふく》ケ乢《たわ》入口**から杉林の登山道に入る。尾根の樹林の中を登っていくと谷川に出る。谷筋を登ると**福ケ乢**だ。「右は百乢《ももたわ》、左は山頂2・5キロ」の道標が立つ。

山頂へ向けて、稜線沿いの整備された登山道を登る。展望もよく快適な登高ができる。**井水山《いみずやま》**に着いたらひと休みして、西側に50メートルほど下ったところにあるのぞき岩の絶壁に行くのもよい。

東斜面の登山道は、天《あま》ノ川《がわ》コースだ。津山《つやま》高校山小屋（無人）は北に少し行き、鞍部を東に下ったところにある。小屋の右下に清水

■鉄道・バス

往路＝JR津山駅前から中鉄北部バス奥津温泉、石越、恩原高原行きに乗り、奥津中学校前で下車。神社鳥居まで約2・1キロ、40分。

復路＝笠菅峠から基幹林道美作北線を約6・3キロ、1時間10分歩き、道の駅「奥津温泉」を経て奥津温泉バス停に下る。

■マイカー

中国自動車道院庄ICから国道179号を約20キロ北に向かい、奥津町女原（おなばら）の奥津中学校前バス停手前を右折、吉井川を渡り、養野集落から泉嵓神社への道に入る（国道から神社まで約2・1キロ、分岐点には「泉山登山道」などの標識がある）。神社鳥居の手前に20数台駐車でき、トイレもある。

■登山適期

新緑と紅葉シーズンが最高。

■アドバイス

▽山名は、井水の出る山から泉に通じ、「泉山」となった説。また、泉嵓神社が、もとは「射水権現」「射水山口権現」などと称し、泉山を御神体とする山岳信仰の対象・修験者の山であったことから、「イミズヤマゴンゲン」の霊場の山から「イミズヤ

登山口にある泉嵓神社

が湧いているが、時期により涸れることもある。

小屋の北側のピークを巻きながら、鞍部の手前から右（東南）に下る中林《ちゅうりん》コースを通りすぎ、鞍部に出る。稜線に沿って登ると**中央峰**に達する。大神宮原《だいじんぐうばら》コースはここに上がってくる。

次の小ピークを越すと**泉山**山頂だ。標高1209メートル《メートル》を示す1等三角点の標石がある。すぐ北の岩の上に立つと、北に花知《はなち》ヶ仙《せん》、角《つの》ヶ仙《せん》、東に那岐山《なぎさん》、西に遠く大山《だいせん》と360度のすばらしい景観を楽しむことができる。

下山は、車を鳥居前に駐車している場合は往路を引き返す。ここでは笠菅《かさすげ》峠コースを下ってみよう。岩から北東の稜線を下る。途中1箇所ロープが張られた急斜面があるが、登山道はよく整備されている。

展望を楽しみながら、**電波反射板**を経て樹林帯に入り、標柱を右に下ると登山口に出る。りっぱな泉山登山道入口の標柱が立っている。林道を歩き、**笠菅峠**に出る。右の小さな広場に数台駐車できる。

（岸本伍郎）

CHECK POINT

津山高校山小屋。左下に清水が湧く

泉山山頂の標識と１等三角点の標石

笠菅峠には駐車スペースがある

マ」、そして「イズミヤマ」の名が起こったといわれる。

▽登山コースは、上記のほかに、①笠菅峠駐車場から稜線を頂上へ（約2時間／最近はこの往復登山が多くなった）、②奥津温泉から基幹林道を約3・2キロ歩き、林道泉山線の登山口から大神宮原へ出て、中央峰を経由して山頂へ（約2時間30分）、③鏡野町中林谷林道終点から中林ノ滝に寄り、山小屋を経て山頂へ（約2時間15分）、④鏡野町中林谷林道終点から火ノ滝、井水山を経て山頂へ（約2時間40分）の4コースがある。マイカーの場合は、それぞれのコースでの往復登山がよい。

■問合せ先

鏡野町役場奥津振興センター☎0868・52・2211、鏡野町役場☎0868・54・2111、中鉄北部バス☎0868・27・2827

■2万5000分ノ1地形図

奥津・香々美

20

黒沢山

くろさわやま
659m

日本三大虚空蔵の万福寺で知られる山

日帰り

歩行時間＝3時間10分
歩行距離＝7・0km

技術度

体力度

コース定数＝14

標高差＝439m

累積標高差 545m 545m

←南麓から望む黒沢山。万福寺を中心に、キャンプ場、展望所、ツツジ園、テレビ塔広場が点在する

←万福寺には宿泊施設があり、境内からは眼下に津山市街地が広がる

津山《つやま》市街地の北に位置する黒沢山は、万福寺《まんぷくじ》とテレビ中継塔のある山で、黒沢山地域自然環境保護地区に指定されている。南面は急峻だが、西側からは車道が通じ、東側は平坦地が続く。

昭和《しょうわ》池堰堤東端の広場（220メートル）に車を停めて出発する。黒沢山徒歩登山道の標識の方向、昭和池の東側に沿った林道を北に歩く。池と分かれ、東原《ひがしはら》の集落に入る。

谷に沿った坂道を登り、人家をすぎると、杉や桧林の中の整備された登山道を登っていく。途中、石仏を祀ったお堂がある。ひと息入れ、さらに10数分登ると、谷すじから離れて右折する。つづら折りに40数分登り、稜線の林道に出たところが**稜線分岐点**だ。

標識をすぐに左折して参道に入り、石段を登れば万福寺境内に着く。「日本三所の福地」「日本三大虚空蔵」のひとつとして有名で、旧暦の1月13日に行われる十三詣《じゅうさんまいり》りは、終日大勢の人でにぎわう。境内からは津山の市街地を眺望することができ、アカガシの巨木な

■鉄道・バス
往路・復路＝バスの場合は、JR津山駅前から中鉄北部バス西田辺行きに乗り、西山方バス停で下車する。登山口までは約800メートル、約10分。ただし1日に朝夕の2本しか運行されていないので、登山には利用できない。タクシーの利用も考えられる。

■マイカー
中国自動車道院庄ICより国道179号を北進し、県道339号を東に走り、一宮トンネルを抜けてすぐ左折。県道343号を約900メートル北西に進み、西山方バス停のすぐ先にある「黒沢山登山道」の案内板を右に入る。入口に「右虚空蔵参詣道」と書かれた大きな石柱が立っている。坂道を約800メートル走ると昭和池に出る。堰堤東の空き地に駐車する。周辺に10台ほど駐車できる。

■登山適期
新緑、紅葉の時期がとくによい。

■アドバイス
▽山名は、寺の周辺・山林などの地名である「黒沢」をとって名づけられたもの。また、全山が黒々した森林に覆われているという、豊かな自然が山名の由来になったと思われる。
▽「日本三所の福地」とは、伊勢の朝熊、奥州の柳井津と当山をいう。

■問合せ先
津山市役所☎0868・23・2111、黒沢山万福寺☎0868・27・

山上の黒沢山万福寺本堂

どの自然林が残っている。

ここから黒沢山の三角点へ登ってみよう。寺から車道を西へ200㍍ほど下ったところにある標識を右に進む。最初のカーブの上にある墓地上部の、雑木に覆われた尾根道を直登すれば、**黒沢山**山頂の4等三角点に着く。樹木に覆われ、展望はきかない。

下山は、来た道を戻って林道に出て左折し、途中、案内板のある第一駐車場の広場を経て、往路の**稜線分岐点**に出る。ここからは、往路の昭和池へ下山してもよいが、ここでは山田口《やまだぐち》分岐点を経て下山しよう。

分岐点のテレビ中継塔を示す標識にしたがい、車道を200㍍ほど進み、右側の昭和池の方向へ登山道を下る。雑草に覆われているが、道ははっきりしている。約40分で五差路の**山田口分岐点**に着く。いちばん右の車道を15分ほど進み、山方《やまがた》からの道路に出て、右に少し上がると**昭和池の駐車場**に帰り着く。（岸本伍郎）

0316、中鉄北部バス☎0868・27・2827、津山タクシー☎0868・22・4188、勝田交通タクシー☎0868・22・1234

■2万5000分ノ1地形図

加々美・楢

CHECK POINT

県道343号の西山方で右折

駐車場から標識にしたがって進む

稜線の分岐点へ出たら左折する

石段を登ると寺の境内に出る

21

難攻不落の中世山城をハイキング

矢筈山

やはずやま
756m

日帰り

歩行時間＝3時間10分
歩行距離＝4・5km

技術度 ■□□□□
体力度 ■□□□□

コース定数＝**13**	
標高差＝491m	
累積標高差	↗525m ↘458m

矢筈山は、JR因美《いんび》線美作河井《みまさかかわい》駅のすぐ裏にそびえている。登山口は2つあって、ひとつは美作河井駅からだが、ここでは美作河井駅と知和《ちわ》駅の中間にある千磐《ちいわ》神社からのコースを紹介しよう。

↑山麓の河井神社より見る矢筈山。矢筈の形がはっきり見える

←本丸跡。天守は心柱を中心に4柱で支えられていたようだ

JR因美線**知和駅**から県道6号を右へ進み、**千磐神社**へ。神社には、城主・草刈氏の守護神で、かつては山上にあった矢筈神社が祀られている。境内の杉の巨樹には、「臥龍藤」とよばれるフジがからまっている。この下を通って登山道に入る。

伐採された急斜面を、神社を左下に見ながら登る。尾根に取り付き、明るい雑木林を歩く。尾根からはずれ、大きなジグザグをたどり、再び尾根に戻ると大岩が迎えてくれる。城主の菩提寺・**成興寺跡**だ。尾根筋を削りとってつくった広い削平面で、のろし台、堀切、石垣段、三重掘切、多くの礎石などが見られる。

さらに城門跡、石橋をすぎ、鞍部の二重堀切を通って三ノ丸へ。続いて急峻な登山道をたどっていくと広い二ノ丸で、本丸防備のための建物があったようだ。

二ノ丸から本丸へは、細い階段状の道を登っていく。高さは17メートルぐらいか。**矢筈山**山頂の本丸跡は10メートル四方ぐらいで、非常に狭いが、360度の大展望が広がる。那岐《なぎ》山《さん》、滝山《たきやま》、大《だい》ヶ山《せん》などが見える。すぐ北面は大地獄谷の断崖絶壁、さらに人工の大空掘がある。

下山は二ノ丸まで下り、美作河井駅への道を行く。土蔵があった

■**鉄道・バス**
往路＝JR因美線知和駅下車。徒歩20分で千磐神社登山口へ。
復路＝JR美作河井駅を利用。列車の本数が少ないので注意。

■**マイカー**
津山からJR因美線沿いに国道53号、県道6号を経由して知和駅をすぎ、5分ほどで県道沿いの千磐神社駐車場へ（30台駐車可能）。下山地点のJR美作河井駅も駐車10台可能。車を回しておくとよい。

■**登山適期**
花と新緑の4〜6月、紅葉の11月、

郭を通り、L字型石塁をもつ**馬場**をすぎ、尾根筋をジグザグに下る。なにかの防備施設（郭3）と思われる地点から谷筋に入り、植林された桧の間につけられた階段を行く。谷の出口近くに**若宮神社**がある。この参詣道を利用して線路を横断し、**JR美作河井駅**に着く。

時間に余裕があれば、駅対岸の山下にある二代城主・草刈景継の墓を訪れたい。景継は、戦国の世を生きのびるため、毛利方から織田方につこうとして毛利方に知られ、死をもって詫び、草刈家の存続を許されたという。三代城主はこの矢筈の堅城を護りぬき、宇喜多と毛利の講和の約束にしたがって開城し、廃城としている。そして自らは毛利の家来として生涯を終えたという。（河合卯平）

CHECK POINT

1 登山口の千磐神社

2 城門跡。有事にはふさがれる

3 馬場をすぎ、杉林の中の急坂を下る

4 若宮神社に下り立つ

雪が降る前の12月がよい。

■アドバイス

▽地図に記載した「郭」とは、「城、砦などで一定の区域の周囲に築いた石や土のかこい（広辞苑）」をいう。図中「郭1・2・3」は、筆者が池田誠、草刈啓介氏作図の地図を参考につけた記号で、なんらかの防御施設があったと判断したことによる。

▽狼煙台（のろしだい）は、敵の攻撃を知らせる合図や連絡のために峰火をあげる施設。中世には集合の合図のために城郭内に設けられる場合もあった。

▽城門は大きな石を並べ、一部を開けておいて、平素はそこを通り、戦いの時は、土や石で塞ぐ。

▽石橋は、敵が飛び越せない幅の深い溝を掘り、一部に石を詰めて通れるようにした橋のこと。戦いの際は、この石を飛礫（つぶて）として使ったという。

▽美作河井駅から車で10分のところに、もえぎの里あば温泉やすらぎの館（☎0868・46・7111）がある。

■問合せ先

津山市加茂支所☎0868・32・7034、加茂町公民館☎0868・42・3035、加茂タクシー☎0868・42・3020

■2万5000分ノ1地形図

美作加茂

22

山形仙

やまがたせん
791m

那岐連峰三山と山麓の展望を楽しむ山歩き

日帰り

歩行時間＝2時間20分
歩行距離＝4・0km

技術度 ▲▲▲▲▲
体力度 ♥♥♥♥♥

コース定数	＝9
標高差	＝261m
累積標高差	↗345m ↘345m

山形仙は、津山《つやま》市北東部に位置し、国定公園の那岐《なぎ》連峰からはずれた西端にたたずむ山である。登山コースは、東側の声《こえ》ヶ乢《たわ》登山口と西側の滝尾《たきお》登山口の2コースがある。ここでは一般的な声ヶ乢登山口からの山頂往復コースを紹介しよう。

↑南麓から望む山形仙。右端が声ヶ乢の登山口。最高地点が三角点峰で、高い塔が見える

←広戸仙の登山道から眺めた山形仙。右の北麓に津川ダム、奥津川ラビンの里がある

声ヶ乢の広戸仙《ひろどせん》登山口の反対側、「山形仙・吹上《ふきあげ》展望所」の標識が登山口だ。

丸太を並べた階段の登山道を登っていき、吹上の丘の道標方向に進む。山頂への分岐点で登山道を左に見て、まず**吹上展望所**に寄り道しよう。展望所からは来た道を少し引き返し、右に登山道に入る。標柱はないが、木に赤布が下がっているので確認するとよい。

右は樹林帯、左は倒木がある境を直登する。針金の柵に沿って進み、平坦地先にある岡山県林業公社造林地の標柱を左に登る。山形仙登山道の黄色の道標が立っている。少し上の林業公社の標柱を右に行き、平坦地を進むと、**694メートル地点（東の肩）**に出る。ここから少し下り、平地から急斜面の登

■鉄道・バス
往路・復路＝バスはJR津山駅前から中鉄バス行方行きに乗り、勝北支所前で下車して歩く。登山口まで約6・2キロ、1時間40分。

■マイカー
中国自動車道津山ICより国道53号を鳥取方面に約8キロ向かい、津山市勝北支所の「広戸仙登山口6・2キロ」の道路標識を左折し、北へ約6・1キロ、「登山口」への標識にしたがい、声ヶ乢を目指す。駐車場は声ヶ乢登山口に5〜6台分、少し手前の峠の茶屋横に7〜8台分など。

■登山適期
4月末から5月の新緑、10月末から11月の紅葉のシーズンが最高。また、4月下旬から5月上旬のツツジ、フジの花の咲くころもよい。

■アドバイス
▽山名は、南麓にある「山形」の地名が起源といわれる。
▽滝尾登山口コース方面へ行く場合は、山形仙三角点峰を越えて約20分下り、「西上林道」道標を通り、約15分で782メートル地点（黒姫城跡）に着く。展望を楽しみ、往路を声ヶ乢へ帰る。
▽滝尾登山口コースが再整備されている。JR美作滝尾駅の北、堀坂踏切東の標識から北東への稜線を登り、444・4メートル三角点を経て、782メートル地点へ向かう稜線コースだ（約

りとなる。途中で振り返ると、広戸仙、滝山《たきやま》、那岐山《なぎさん》の三山がすばらしい山容を見せている。

770㍍地点から平坦になり、やや右に上がると伐採跡地の小高いピークに着く。ここが**山形仙**山頂で、標高は780㍍だ。「山形仙山頂791㍍、山形仙全体の概念図」の案内板が立っている。すばらしい眺望を楽しもう。

ファミリー登山の場合は、ここから来た道をゆっくり下山しよう。そうでない場合は、樹林に囲まれた三角点峰までひと休みしたら、山形仙三角点峰まで登るとよい。稜線沿いに進むと、約5分で金網の柵の中の山形仙反射板の高い塔に着く。平成6年につくられた施設だ。柵の北東の角から右に少し離れた場所が**山形仙三角点峰**で、頭部が少し損傷した3等三角点の標石がある。

樹木に覆われ、反射板の柵があるため展望はきかないし、散策をすることもできない。三角点を確認したら往路を引き返し、**登山口**に下山する。（岸本伍郎）

2時30分）。
■問合せ先
津山市勝北支所☎0868・36・5111、中鉄北部バス☎0868・27・2827、日本原交通（タクシー）☎0868・36・2038
■2万5000分ノ1地形図
楢日・奉原

CHECK POINT

声ヶ乢の山形仙登山口

展望所から引き返し、山頂へ向かう

造林地の標柱を左へ進む

780㍍ピークに立つ山頂案内板

23

後山から連なる連峰の一山

駒の尾山

こまのおやま 1281m

日帰り

歩行時間＝2時間
歩行距離＝4・0㎞

技術度

体力度

コース定数	＝8
標高差	＝326m
累積標高差	↗ 330m ↘ 330m

　駒の尾山は、岡山県と兵庫県宍粟市《しそう》の境を後山《うしろやま》から船木山《ふねきやま》、ダルガ峰へと連なる後山連山の一峰である。山域は氷ノ山《ひょうのせん》後山那岐山《なぎさん》国定公園の一部をなしている。山頂からの展望がすばらしく、北に鳥取県境の山並み、西に那岐連峰、南に秀麗な山容の日名倉山《ひなくらやま》や吉備《きび》高原が、東に目を移すと稜線がのび、船木山、その向こうに岡山県の最高峰・後山がそびえている。

　国道373号を西粟倉村《にしあわくら》に入り、道の駅「あわくらんど」の前を右折して大規模林道に入る。この林道は後山登山口の東粟倉《ひがし》に通じている。大規模林道から林道ダルガ峰線に入り、標高955㍍の**駒の尾山登山口**へ。登山口には駐車場や休憩舎、トイレが整備されている。西に1006㍍の黒岩山《くろいわやま》、東に駒の尾山へと尾根がのびている地点だ。

　駐車場に車を停めて歩きはじめよう。「登山口」と書かれた石碑の横から木製の階段を登る。よく整備された登山道を登っていくと、しだいに展望が開け、左手に樹間からダルガ峰も見えてくる。標高1050㍍地点から400㍍ほど登ったところに**休憩舎**がある。展望がよく、休憩するには格好である。

　登るにつれて道脇はネマガリダケに覆われてくる。山頂のわずか手前で、南山麓の駒《こま》の旺《おう》山荘から登ってくる道と出合う。左に折れると**駒の尾山**の頂上だ。

駒の尾山山頂から船木山、後山へとのびる稜線

■鉄道・バス
往路・復路＝公共交通機関を利用しての入山は、バスは限られた時間帯しか運行されていないので、非常に不便だ。

■マイカー
国道373号を西粟倉村に入り、道の駅「あわくらんど」の前を右折して大規模林道に入る。影石谷トンネルを抜け、引谷川を渡ると、左手山側に林道ダルガ峰線の大きな案内板がある。そこを左折してこの林道に入る。林道を登っていき、案内標識、展望台をすぎると平坦になる。山腹

CHECK POINT

1 標高955メートルの駒の尾山登山口から登りはじめる

2 よく整備された登山道を登っていく

3 休憩舎をすぎると道脇はネマガリダケに覆われる

4 展望のよい駒の尾山山頂

日名倉山山腹から望む駒の尾山全景

「駒の尾山頂」の石碑が立ち、その周囲に石が置かれ、東西南北が刻まれている。山頂から少し下ったところには避難小屋もあり、その前で道が北と東へと分かれている。北へたどればダルガ峰へ、東に稜線を行けば船木山、後山へと縦走できる。この主稜線の縦走路は、いずれも中国自然歩道だ。

下山は、車のことを考慮して往路を引き返す。（岡本忠良）

を巻くように進み、右に大きく回りこむと視界が開け、駒の尾山登山口に着く。

■登山適期

5月の若葉が美しい新緑のころ、空気の澄みきった秋から初冬にかけてが最高。

■アドバイス

▽駒の尾山へは、東西南北いずれの方向からも登ることができ、それぞれのルートを登・下降してもおもしろい。

▽主稜線を船木山、後山へと縦走を楽しむのもよい。後山まで往復約2時間30分。ただし、後山登山口へ下山する場合は、下山後の車の手配を考えておく必要がある。

▽林道が山腹まで入っていて、そこに登山口として駐車場やトイレが整備されている。マイカーを利用して入山した方が便利だ。

▽西粟倉村には、あわくら温泉の湯～とぴあ黄金泉（☎0868・79・2334）、国民宿舎あわくら荘（☎0868・79・2241）で日帰り入浴可能。山旅の汗を流すのもよい。

■問合せ先

西粟倉村役場☎0868・79・2111、神姫バス津山営業所☎0868・32・1250、大原タクシー☎0868・78・2399

■2万5000分ノ1地形図

西河内・坂根

＊コース図は64ページを参照。

24

船木山・後山

神秘性と静寂さを保ち続ける岡山県の最高峰

ふなきやま　1334m
うしろやま　1344m

日帰り

歩行時間＝4時間10分
歩行距離＝5・0㎞

技術度
体力度

コース定数	＝17
標高差	＝635m
累積標高差	↗ 770m ↘ 770m

日名倉山の山腹から望む船木山（左のなだらかなピーク）と後山

後山は岡山県の最高峰である。県の東北部に位置し、兵庫県との境にそびえ、氷《ひょう》ノ山《せん》後山那岐山《なぎさん》国定公園に指定されている。また、行者山《ぎょうじゃやま》ともよばれる修験道の山であり、「西の大峰《おおみね》」とも称されている。大和の国の大峰山と並び、山岳信仰の霊峰として、中腹の奥ノ院一帯は、いまだ女人の入山をかたくなに拒み、神秘性と静寂さを今日まで保ち続けている。

後山登山口へは、マイカーの場合、東粟倉《ひがしあわくら》と西《にし》粟倉を結ぶ大規模林道から後山キャンプ場に行く。また、東粟倉最奥の後山バス停を直進し、大規模林道を横断して、さらに直進すると行者川沿いにも後山駐車場がある。駐車場に車を置き、行者参道を登り、途中で奥ノ院への参道と分かれて後山キャ

■鉄道・バス
往路・復路＝公共交通機関を利用する場合、智頭急行大原駅で下車、バスに乗り換えて東粟倉バス停に行くことになる。乗り継ぎ時間など考えるとたいへん不便なので、マイカーの利用をすすめる。

■マイカー
後山登山口へは、東粟倉と西粟倉を結ぶ大規模林道から後山キャンプ場に行く。また、東粟倉最奥の後山バス停を直進し、護摩堂（女人堂）の前、愛の水場をすぎ、大規模林道を横断して、さらに直進すると行者川沿いにも後山駐車場がある。

■登山適期
5月の新緑の季節、10月下旬から11月上旬の紅葉の時節がすばらしい。

■アドバイス
▽後山駐車場から行者参道を登っていくと女・男水垢離場や、行場を通って奥ノ院（行者本堂）に行くことができる。ただし、女性は男水垢離場の上にある母子堂から先は女人

山麓にある女人堂

後山山頂から後山の集落を俯瞰する

後山山頂から船木山と駒の尾山を望む

ンプ場に出ることもできる。

後山キャンプ場の駐車場からわずかに下ったところが**登山口**だ。中国自然歩道のルートを行く。杉林の中を登り、しばらくして雑木林となって、沢沿いに進む。キャンプ場からの道と合流したあと、沢を渡り、右岸をさらに登る。道標があるところで再び沢を渡り、**尾根に取り付いて**急な傾斜をジグザグに高度を上げる。

傾斜が穏やかになると、船木山から派生している尾根に出る。この尾根をひたすら登っていくと県境の主稜線にたどり着く。稜線を左折して西へ稜線をたどると鍋《なべ》ケ谷山《たにやま》を経て駒《こま》の尾山《おやま》に達する。ここは右折して、東へわずかに行くと**船木山**山頂だ。眺望がよく、目の前に美しいスロープの日名倉山《ひなくらやま》が望まれる。

船木山の頂上から、さらに東へ稜線を30分ほどたどれば**後山**山頂。3等三角点と祠の鎮座する山頂からは、天候に恵まれれば、遠く瀬戸《せと》内海に浮かぶ家島《いえしま》諸島まで望むことができる。眼下には後山の集落と、後山川沿いに点在する集落、その向こうに那岐山、日本《にほん》原《ばら》、津山《つやま》盆地が見わたせ、兵庫県側には氷ノ山、そして千種《ちぐさ》川の源流に点在する集落などが望まれる。

帰路は、往路を引き返す。

（岡本忠良）

CHECK POINT

1 後山キャンプ場手前にある登山口

2 長い尾根道をひたすら登る

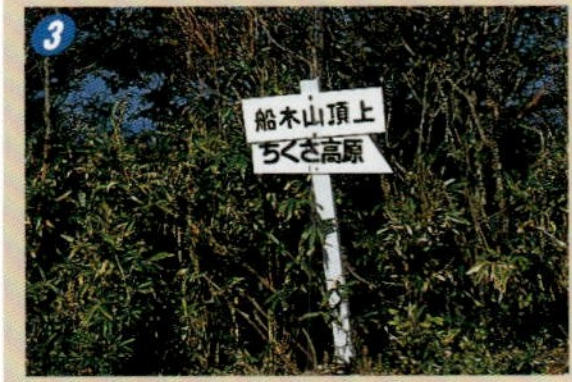

3 船木山山頂からさらに東へたどる

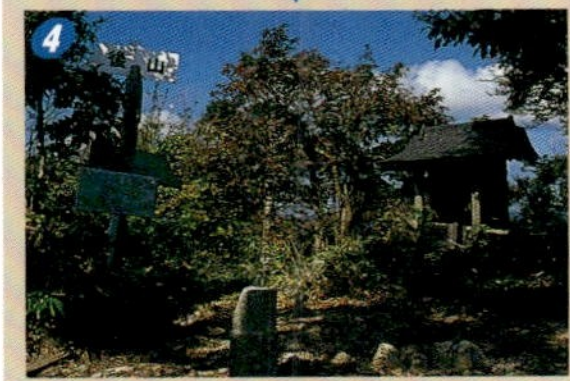

4 後山山頂。三角点と祠がある

結界で入山禁止となっている。

▽後山山頂付近には、ブナの原生林やシャクナゲ、ドウダンツツジなどの群生地がある。

▽後山の主稜線は、南から日名倉山（1047㍍）、後山、船木山、鍋ヶ谷山（1253㍍）、駒の尾山（1281㍍）、ダルガ峰（1163㍍）と南北に約10㌔の尾根がのびている。

▽山麓の愛の村パーク（☎0868・78・0202）は、「食と健康」をテーマにつくられた施設で、売店、レストラン、コテージ、温泉（冬期休業）がある。日帰り入浴可。入浴時間12～18時。レストランでは旬の食材も味わえる。

■問合せ先

美作市東粟倉総合支所☎0868・78・3133

■2万5000分ノ1地形図

西河内・千草・坂根・古町船木山

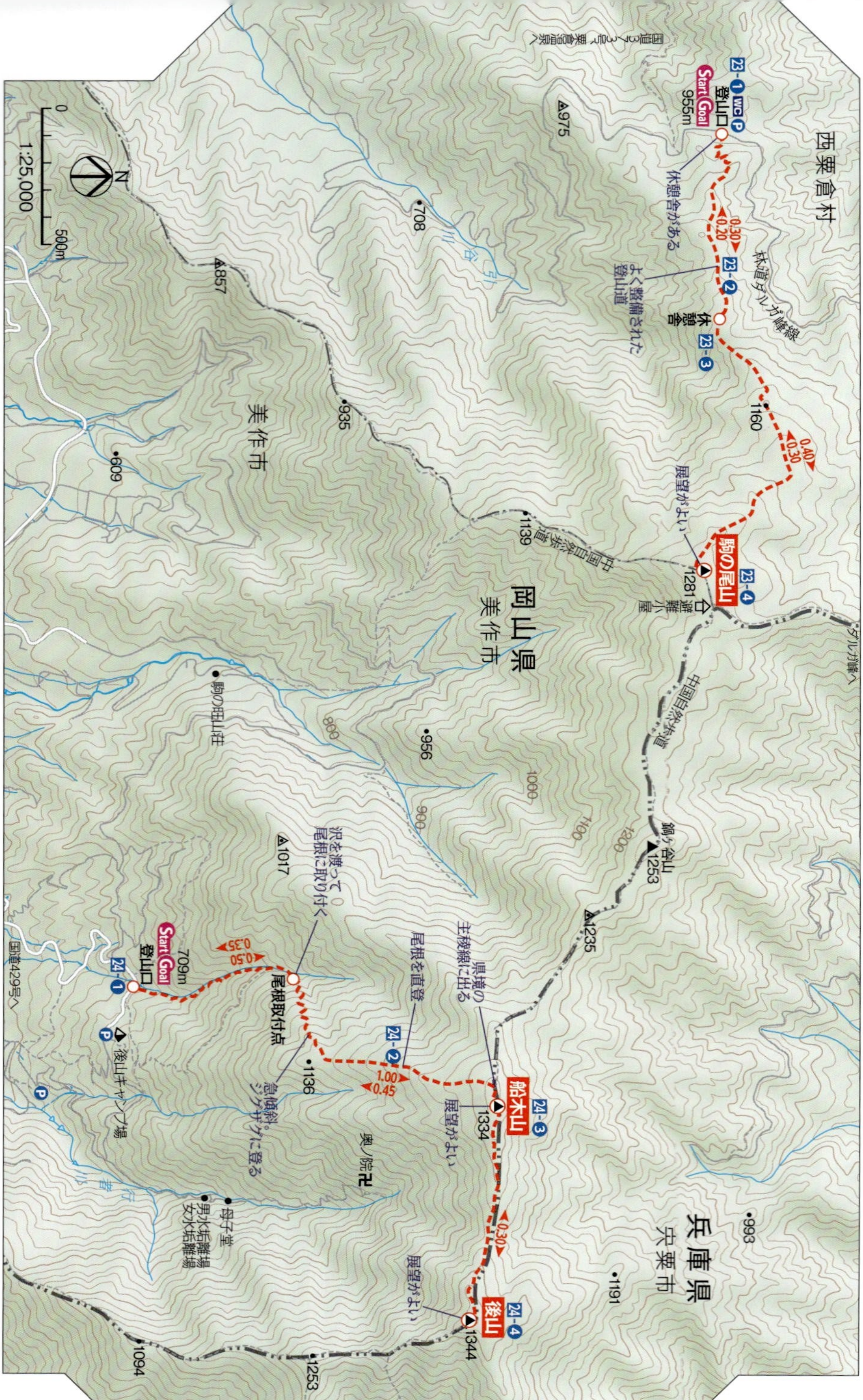
西粟倉村
林道ダルガ峰線
23-1 WC P
Start Goal
登山口
955m
▲975
休憩舎がある
0:30
0:20
よく整備された登山道
23-2
休憩舎
23-3
1160
0:40
0:30
展望がよい
駒の尾山
23-4
1281
避難小屋
中国自然歩道
1139
ダルガ峰へ
•708
▲857
•935
•609
美作市
岡山県
美作市
駒の尾山荘
800
•956
1000
900
1100
1200
鍋ヶ谷山
1253
▲1235
▲1017
沢を渡って尾根に取り付く
県境の主稜線に出る
尾根を直登
24-2
尾根取付点
0:50
0:35
Start Goal
709m
登山口
24-1
国道429号へ
P
後山キャンプ場
急傾斜、ジグザグに登る
•1136
1:00
0:45
船木山
24-3
1334
展望がよい
奥ノ院
母子堂
男水垢離場
女水垢離場
0:30
後山
24-4
1344
展望がよい
兵庫県
宍粟市
•993
•1191
•1253
•1094
N
0
500m
1:25,000

25

那岐山

なぎさん
1255m

展望を楽しみながら大神岩から県境の秀峰へ

日帰り

歩行時間＝4時間20分
歩行距離＝7・0㎞

技術度 ■□□□□
体力度 ■□□□□

コース定数	＝**18**
標高差	＝755m
累積標高差	↗ 800m ↘ 800m

山麓から見る雄大な那岐連峰を仰ぎ見る。右が那岐山、左は滝山

那岐山三角点峰から滝山への縦走路は、なだらかでよく整備されているので、展望を楽しみながらゆっくり歩こう

那岐山は「なぎのせん」「なぎせん」ともよばれ、氷ノ山《ひょうの》後山《せんうしろやま》那岐山国定公園の代表的な山である。南の日本原《にほんばら》高原から仰ぎ見る山並みは那岐連峰とよばれ、実に堂々とした風格がある。那岐山の登山コースは、A菩提寺《ぼだいじ》（4キロ・3時間）、B蛇淵《じゃぶち》（4・1キロ・2時間30分）、C大神岩《おおがみいわ》（3・7キロ・2時間）の3コースがある。ここではCコースを登り、Bコースを下山するコースを紹介しよう。

第一駐車場（500メートル）をスタートして林道を歩き、「登山道入口（B・Cコース）」の道標から右の登山道に進む。途中の**B・Cコース分岐**で左のCコースに入る。林道を横切り、那岐山国有林の中を蛇行しながら登っていくと**大神岩**に着く。この岩に立つと、南の眼下に日本原高原の箱庭のような美しい眺めが展開する。

樹林の中を登り、森林帯を抜け、やや急な斜面を登ると稜線に出る。「滝山2・9キロ、那岐山0・4キロ」「登山道入口2・7キロ」の指導標が立っている。左先の鳥取県側に木造の休憩舎があったが、強風で倒壊し、トイレ部分のみ簡易修繕されている。その横を西に縦走すれば約1時間10分で滝山に達する。右に行くと3等三角点のある那岐山**三角点峰**に着く。

ひと休みし、稜線を北東に向かう。避難小屋を経て、この連峰最高峰の**那岐山**山頂に着く。山頂を示す石碑があり、360度のすばらしい展望が楽しめる。

下山は、北東に稜線を下ると、**A・Bコース分岐**の道標があり、ここからBコースを南に谷に沿うように下る。

台風で風倒木被害が出た樹林帯の中をジグザグに下ると、五合目の標識の下に**分岐点**「菩提寺Aコース（六合目）0・4キロ」の標柱が立っている。山腹を下っていき、木橋を渡ると**Cコースとの分岐点**。さらに数分下ると「登山道入口（B・Cコース）」の道標がある林道に出る。蛇淵の滝に寄り、遊歩道を下って第二駐車場を経て**第一駐車場**に帰る。

（岸本伍郎）

滝山・那岐山間の縦走路から眺める那岐山（写真＝岡本良治）

■鉄道・バス

往路・復路＝JR津山駅から中鉄北部バス行方行きに乗り、高円バス停で下車、約3キロ、徒歩59分。また、豊沢で下車し、タクシーで登山口へ。

■マイカー

中国自動車道津山ICより国道53号を鳥取方面に約16キロ向かい、奈義町高円の「国立公園那岐山・菩提寺」の案内板を左折する。北へ約2・8キロ走ると、「左那岐山登山口・蛇淵ノ滝、右菩提寺」の標識が建つ分岐点に着く。左の林道の坂道を上がると、すぐ右に第一駐車場（約15台）がある。分岐点の先には第二駐車場（7台、トイレあり）がある。また、美作ICからは県道51号を約13キロ北上し、奈義町豊沢で国道53号に出て右折、約2キロで高円。

■登山適期

CHECK POINT

登山口の下にある那岐山麓山の駅

B・Cコース分岐。左へ行く

大神岩は日本原高原の展望がよい

那岐山三角点峰は滝山への分岐点

八合目上部に咲くアセビの花

4月末から5月の新緑、10月末から11月の紅葉シーズンが最高だ。また、6月上旬のサラサドウダンの花の咲くころもよい。

■アドバイス

▽山名は山麓の古社・諾（なぎ）神社にイザナギノミコトが祀られていることからついたという説と、昔、作東一の高峰・後山と背比べをして負け、泣いたのでナキノセンといったのがナギノセンになったという民話もある。

■問合せ先

奈義町役場☎0868・36・4111、中鉄北部バス☎0868・27・2827、豊沢交通（タクシー）☎0868・36・7355

■2万5000分ノ1地形図

日本原・大背

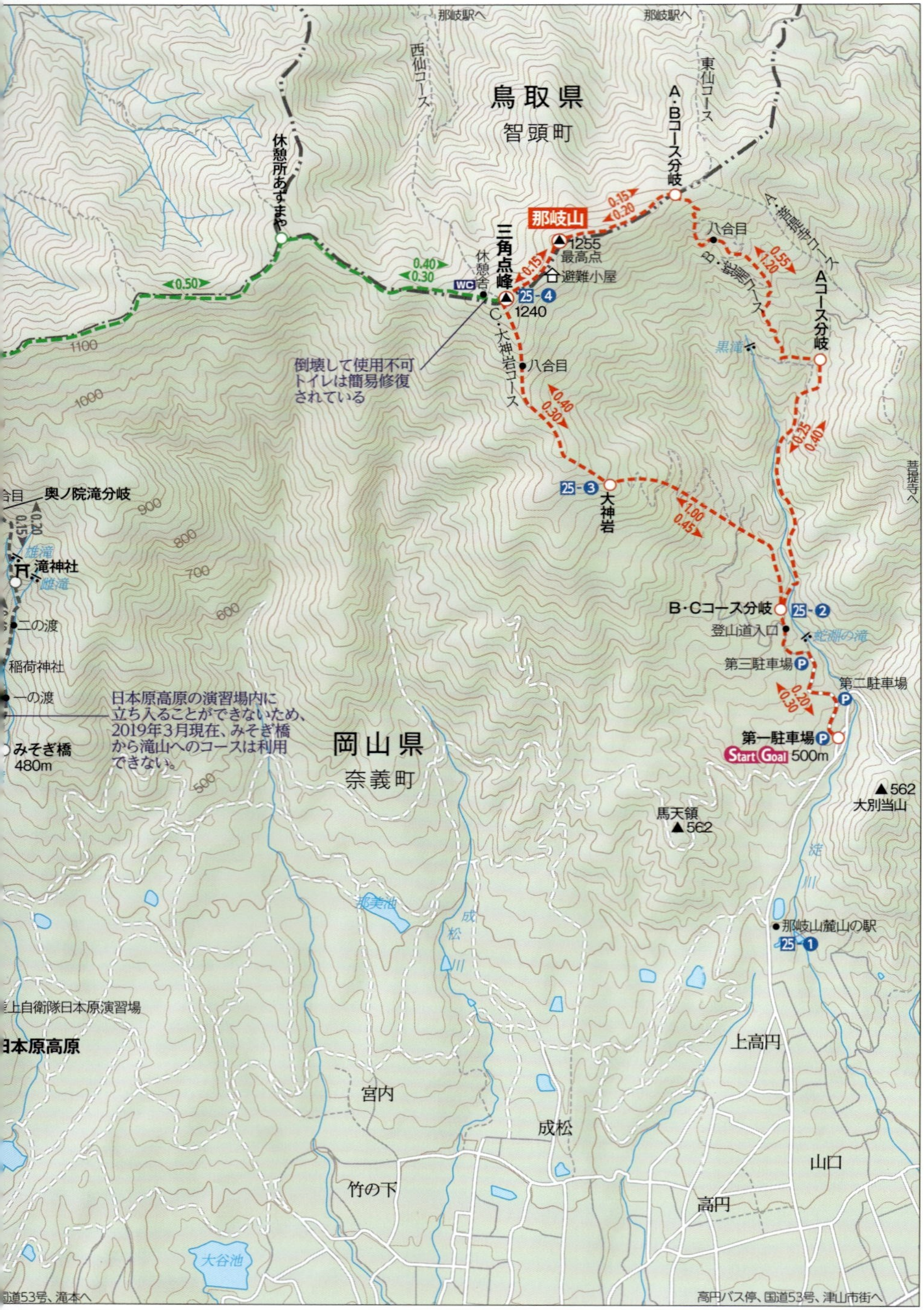

那岐駅へ
那岐駅へ
西仙コース
東仙コース
鳥取県
智頭町
A・Bコース分岐
休憩所あずまや
那岐山
1255
最高点
避難小屋
三角点峰
1240
休憩舎
WC
25-4
八合目
A・蛇淵谷コース
B・蛇淵谷コース
Aコース分岐
C・大神岩コース
八合目
倒壊して使用不可
トイレは簡易修復
されている
黒滝
菩提寺へ
25-3
大神岩
奥ノ院滝分岐
雄滝
滝神社
雌滝
二の渡
稲荷神社
一の渡
みそぎ橋
480m
日本原高原の演習場内に
立ち入ることができないため、
2019年3月現在、みそぎ橋
から滝山へのコースは利用
できない。
B・Cコース分岐
25-2
登山道入口
蛇淵の滝
第三駐車場
第二駐車場
第一駐車場
Start Goal 500m
岡山県
奈義町
馬天領
562
562
大別当山
那美池
成松川
那岐山麓山の駅
25-1
陸上自衛隊日本原演習場
日本原高原
上高円
宮内
成松
山口
竹の下
高円
大谷池
国道53号、滝本へ
高円バス停、国道53号、津山市街へ

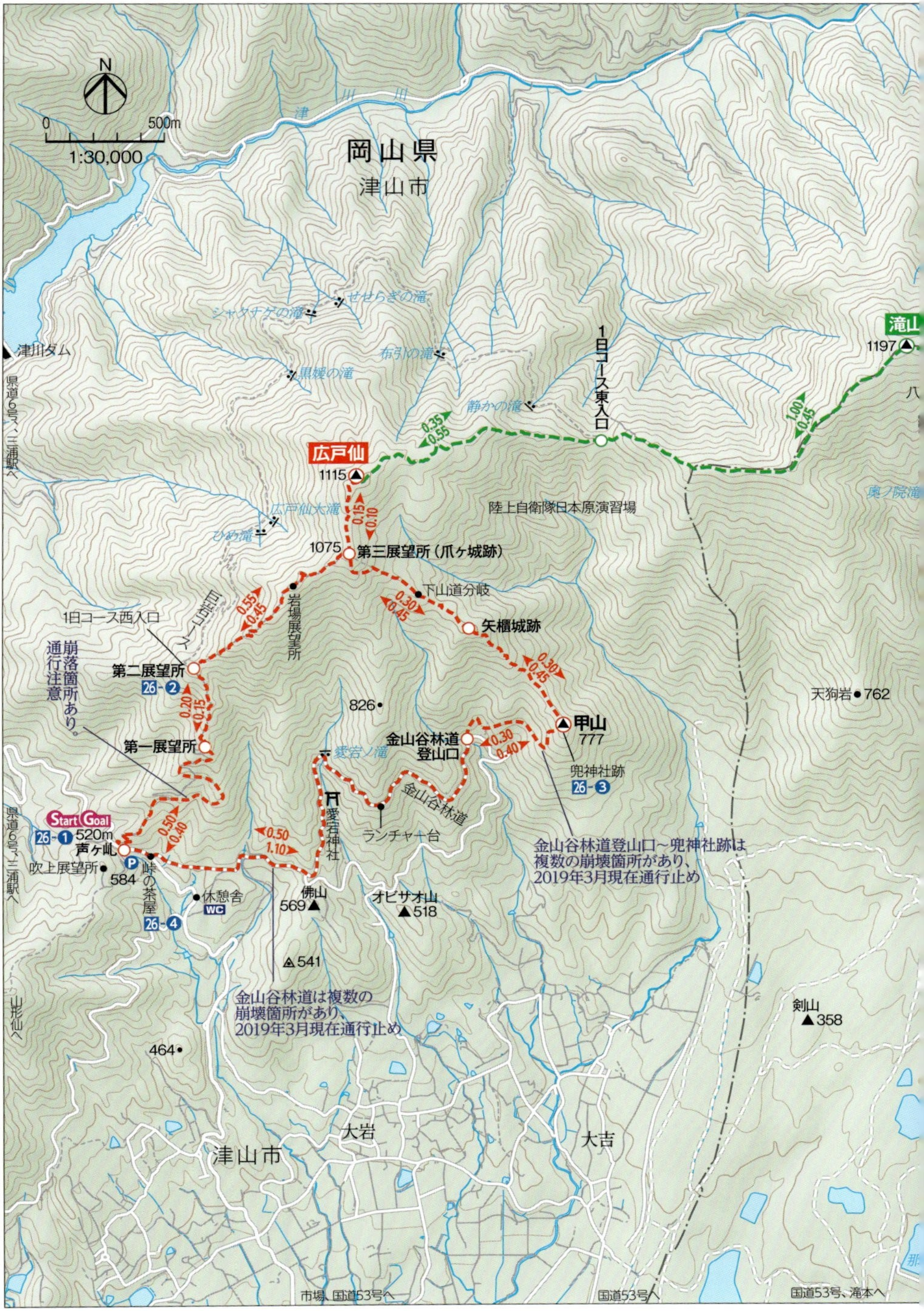

N
0
500m
1:30,000
岡山県
津山市
津川
津川ダム
県道6号、三浦駅へ
シャクナゲの滝
せせらぎの滝
黒媛の滝
布引の滝
静かの滝
1日コース東入口
滝山
1197
八
0.35
0.55
1.00
0.45
広戸仙
1115
0.15
0.10
広戸仙大滝
ひめ滝
陸上自衛隊日本原演習場
奥ノ院滝
1075
第三展望所（爪ヶ城跡）
下山道分岐
0.30
0.45
矢櫃城跡
0.30
0.45
岩場展望所
0.55
0.45
1日コース
1日コース西入口
崩落箇所あり。通行注意
第二展望所
26-2
0.20
0.15
第一展望所
826
甲山
777
兜神社跡
26-3
天狗岩
762
金山谷林道登山口
0.30
0.40
愛宕ノ滝
愛宕神社
金山谷林道
ランチャー台
金山谷林道登山口～兜神社跡は複数の崩壊箇所があり、2019年3月現在通行止め
Start Goal
26-1
520m
声ヶ乢
0.50
0.40
0.50
1.10
吹上展望所
584
P
峠の茶屋
26-4
休憩舎
WC
佛山
569
オビサオ山
518
541
金山谷林道は複数の崩壊箇所があり、2019年3月現在通行止め
県道6号、三浦駅へ
山形仙へ
464
剣山
358
大岩
津山市
大吉
市場、国道53号へ
国道53号へ
国道53号、滝本へ

サブコース 1

広戸仙～滝山～那岐山縦走

滝山への最もポピュラーな登山口であるみそぎ橋へのアクセスが、自衛隊演習林が閉鎖されているため、事実上登山口へ行くことができなくなっている。したがって、滝山へは広戸仙あるいは那岐山から滝山を往復するか、広戸仙～滝山～那岐山の縦走コースを行くことになる。ここでは広戸仙からの縦走コースを簡単に紹介しよう。

広戸仙山頂から東へ進む尾根筋を進む。広戸仙からは約200メートル下り、約300メートルを登り返して滝山に登り着くという、標高差が大きく、歯ごたえのあるルートである。

そのため、縦走する登山者は少なく、道は荒れ気味だ。木立に覆われている部分が多いため、展望があまりなく、足もとにはイノシシのヌタ場と思える箇所も散見される。

滝山三角点には道標と展望台があり、眼下に自衛隊の演習場が広がっている。

滝山山頂をすぎると滝神社への分岐の看板がある。現在では登山口から先の道がないため、いったん下りても、また登り返すことになる。

滝山から那岐山までは、ササ原の中の、高低さの少ない快適な尾根道が続く。あずまやのあるところが滝山那岐山三角点とのおおよその中間で、那岐山三角点の広場を越えて、もうひと登りすると那岐山山頂に着く。

（黒瀬大亮）

広戸仙から滝山、那岐山への稜線縦走路を見る（写真＝岡本良治）

サブコース 2

那岐山～滝山往復

那岐山三角点から滝山まではササ原の中にのびる尾根筋を進む。標高差も少なく、360度の展望に恵まれた快適なルートだ。

滝山が近づいてくると木製階段がはじまり、滝山頂上間近で左手に滝神社へ下りていくことができる分岐の看板がある。そこを通りすぎると1等三角点の滝山山頂に登り着く。木製の大きな展望台があり、そこからは麓の自衛隊演習場をはじめとする日本原高原の大展望が広がっている。

（黒瀬大亮）

滝山山頂にある展望台

那岐山から滝山へ続く尾根を見る（写真＝岡本良治）

滝山から日本原高原を俯瞰する（写真＝岡本良治）

26

日帰り

展望を楽しみながら頂上と花・城跡をめぐる

広戸仙

ひろどせん
1115m

歩行時間＝4時間50分
歩行距離＝8・0km

技術度 ■□□□□
体力度 ■□□□□

コース定数	＝20
標高差	＝595m
累積標高差	↗825m ↘825m

塩手池から広戸仙を望む。左端に登山口の声ヶ乢が山すそに隠れているが、登山口までの林道周辺は「ウッドパーク」とよばれ、桜の木が多い

広戸仙（別名・爪《つめ》ヶ城《じょう》）は、津《つ》山《やま》市の北東に位置し、氷《ひょう》ノ山《せん》後《うしろ》山《やま》那岐山《なぎさん》国定公園内の那岐連峰西端にある。一般的な広戸仙・甲山《かぶとやま》コースを紹介しよう。登山口などの案内板が立っている**声《こえ》ヶ乢《たわ》**（530メートル）から歩きはじめる。丸太を並べた階段の登山道を緩やかに蛇行しながら登っていくと、**第一展望所**（雲海の丘）に着く。

ひと休みしたら稜線に登る。「標高850メートル、頂上まで1200メートル」の道標の左方向に展望所の標識があり、左に進むとすぐに**第二展望所**に着く。

来た道を標識まで引き返し、尾根上の登山道を、展望を楽しみながら登っていく。途中鎖のある岩場を越え、左に「展望所」、右に「山頂あと600メートル」の標識をすぎると**第三展望所**に出る。眼下の眺望や滝山、那岐山の遠望がすばらしい。すぐ上に3等三角点の標石、爪ヶ城跡の解説板や標識が立っている。

ここから山頂を目指して左に稜線を登り、岩を左から回りこむと標柱や案内板、石のベンチがある平地に着く。右の岩峰が**広戸仙**山頂である。東に尾根道を進むと1時間40分ほどで滝山へ縦走できる。

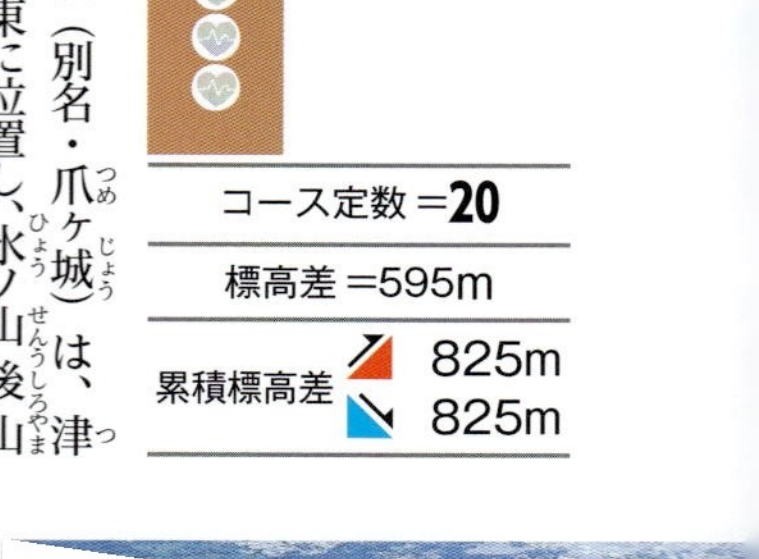

第三展望所から甲山への下山道と日本原高原の展望

■鉄道・バス
往路・復路＝JR津山駅前から中鉄バスの行方行きに乗り、勝北支所前で下車して歩く。

■マイカー
中国自動車道津山ICより国道53号を鳥取方面に8キロ向かい、津山市勝北休憩をすませたら下山しよう。来た道を**第三展望所**まで下る。ファミリー登山の場合は往路を戻る方がよいが、ここでは甲山へ下山するコースを行ってみよう。左に尾根の窪状の急坂を下っていく。下山道分岐は尾根コースを直進して**矢櫃城跡**《やびつ》の案内板をすぎ、県下でもまれなアセビ群生地付近を通る。さらに上下を続けると二級基準点のある平らなピーク、**甲山**に着く。南に下ると巨岩の下に小さな祠があり、兜神社跡の案内板が立っている。

ここからは広葉樹や桧の中のつづら折りの道を約20分下ると**金山**《かなやま》**林道**に出る。舗装された林道となり、途中でランチャー台、展望所、愛宕《あたご》神社などを経て峠の茶屋に着く。県道に出て約5分で**声ヶ乢**の登山口に帰る。

（岸本伍郎）

峠の茶屋下の広場から見た広戸仙

CHECK POINT

声ヶ乢の広戸仙登山口。那岐連峰三山の登山案内図がある

第二展望所。尾根上に登山道が続く

甲山頂上から南に下ると巨岩の下に兜神社跡がある

峠の茶屋。土曜・日曜、祝日営業で、特産品も販売される

支所の「広戸仙登山口6・2㌔」の道路標識を左折し、北へ約6・1㌔、登山口への標識にしたがい、声ヶ乢を目指す。駐車場は、声ヶ乢の登山口の反対側に5〜6台。少し手前の峠の茶屋横に7〜8台。手前三差路周辺の休憩舎付近広場も利用できる。

■登山適期

4月末〜5月の新緑、10月末から11月の紅葉のシーズンが最高である。6月上旬のベニドウダンの花の咲くころもよい。

■アドバイス

▽山名は、地元では旧広戸村の地名から広戸仙とよんでいる。別名の爪ヶ城は、①西方からの山容が爪先のように見えるから。②広戸氏の居城矢櫃城跡より峰続きの広戸仙に砦があり、最後の拠点、俗に詰ヶ城（のちに爪ヶ城）とよばれたことから。

▽声ヶ乢から頂上を経て滝山への縦走路の分岐点（東入口）を左に行き、7つの滝をめぐり、第二展望所（西入口）へ出て下山する健脚向きの1日コースがある。約2・2㌔、5時間30分。

■問合せ先

津山市勝北支所☎0868・36・5111、中鉄北部バス☎0868・27・2827、日本原交通（タクシー）☎0868・36・2038

■2万5000分ノ1地形図

楢・日本原

＊コース図は68〜69㌻を参照。

注：2019年3月現在、金山谷林道および金山谷林道登山口〜兜神社跡間の登山道は、2018年7月豪雨の災害により崩落箇所が複数あり、通行止めになっている。したがって広戸仙へは声ヶ乢からの往復登山となる。

27

水源の奥座敷の滝と分水嶺の山

花見山

はなみやま
1188m

日帰り

歩行時間＝3時間20分
歩行距離＝7・5km

技術度
体力度

コース定数	＝15
標高差	＝532m
累積標高差	↗ 715m / ↘ 715m

花見山は、新見《にいみ》市千屋花見《ちやはなみ》と鳥取県日南町《にちなん》にまたがる分水嶺である。どっしりとした大きさは、まさに高梁《たかはし》川水源の奥座敷といってよいだろう。近年開発された温泉とスキー場も好評を得ている。

整備された登山道は下《しも》の谷《たに》の滝までで、滝の上部は人工林の斜面を登るルートと、別の林道から尾根をたどる野趣に富んだルートの2つ。花崗岩でできた山容はゆるぎがなく、気品を備えた豊かな資源林が全斜面におよんでいる。

2つあるルートのひとつは、千屋温泉、スキー場、キャンプ場ロッジ、古墳群を巻くようにして登山道に入り、下の谷の滝を経て人工林を登る滝コース。もうひとつは千年の森コースで、右に開かれた田畑を抜けて林道に入り、かなり長い樹林帯をめぐって県境の尾根の鞍部に出る。県境の杭や、整えられた自然林が岡山側と鳥取側と好対照の県境尾根を行く。

ここでは、滝コースを登り、千年の森コースを下ってみよう。国道180号を北上し、県境の明地《あけち》峠手前の**新見千屋温泉いぶきの里**が起点

↑いぶきの里近くから見る花見山全景。登山口には充分な駐車スペースがある

←最深部にある下の谷の滝。水量は季節によって変化する

■鉄道・バス
往路・復路＝JR伯備線新見駅から備北バスの千屋温泉行きで約50分。本数が少ないので、事前に確認しよう。

■マイカー
中国自動車道新見ICから国道180号を北上、約40分。

■登山適期
4月の雪解けから初雪の11月までが登山適期。春は新緑と花、夏は涼風、秋は紅葉の彩りがすばらしい。

■アドバイス
▽新見千屋温泉いぶきの里（☎0867・77・2020）は、パンフレットによれば「高梁川の源流やみどり豊かな山々に囲まれて湯量豊富な温泉でのんびりとすごす。自然にゆったりと包み込まれるそんなやすらぎの里です」とある。ゆっくり温泉に入り、千屋牛肉を味わうこともできる。千屋温泉周辺観光マップもここで入手できる。

■問合せ先
新見市役所☎0867・72・6111、備北バス新見営業所☎0867・72・0625

■2万5000分ノ1地形図
千屋実・根雨

となる。剣山《けんざん》を右手に見るところで、スキー場、キャンプ場、広い駐車場、ヤマメの釣り堀などの施設が整っている。

滝ルートはスキー場斜面に沿った林道から、整備された遊歩道に入る。2キロほど進むと見晴らし台に着く。少し離れて同様の展望休憩所があり、さらに5分ほどで**花見山・下の谷の滝への分岐点**だ。ここまでは楽しい散策コースになっている。

分岐を左に、よく整備された遊歩道を進むと下の谷の滝を見ることができる（往復20分）。水しぶきをあげる滝の流れは、まさに生命のほとばしりを感じるところだろう。可憐な花々、苔むす岩肌の光沢とうるおいがすばらしい。

滝への分岐で遊歩道を離れ、人工林の急な斜面を登っていく。1キロほどで**県境尾根**に登り着く。鳥取県側のブナの自然林が美しく、山頂の展望台も見える。

踏み固められた尾根道は快適で、クマザサの草原に吹く風が心地よい。鳥や虫の声を聞き、花を愛で、鳥取県側の美しい風景を堪能しながら登っていくと**花見山**山頂に登り着く。展望休憩場のところに1等三角点がある。

下山路は県境尾根筋を鞍部まで下っていく。**鞍部**で水源保全の標識に出合う。ここから右に折れ、しばらく下ると林道に出合う。**千年の森の石標**を見ながら下っていき、出発点の**いぶきの里**に下り着く。

（田中源三郎）

CHECK POINT

1 スキー場に沿ってなだらかに登っていく

2 下の谷の滝分岐点。ここから人工林の中を登る

3 県境尾根出合。案内板が設置されている

4 360度の眺めが得られる山頂の展望台

28

縦走と展望を楽しむ「お〜いの源流」の夫婦山へ

雌山・雄山

めんぜん 1067m
おんぜん 1153m

日帰り

歩行時間＝4時間10分
歩行距離＝10・5㎞

技術度

体力度

コース定数＝18

標高差＝468m

累積標高差 730m 730m

雄山と雌山は、岡山県新見《にいみ》市の北東に位置し、備作《びさく》山地県立自然公園内の山々ではひときわ際だった存在だ。大佐《おおさ》ダムの上流、小坂《おさか》部《べ》川と分かれた大井野《おおいの》川の御洞《みどう》渓谷を通り、「お〜いの源流体験村」として親しまれている大佐大井野に入る。

←雌山直下にある大岩の展望台から見た雄山。縦走路は緩やかなアップダウンを繰り返し、山頂にいたる

←雄山山頂から見た雌山。この縦走路は地元の人たちの努力で整備された

標高600㍍の**大井野中組**《なかぐみ》から歩きはじめよう。**上組**《かみぐみ》の集落を抜けると、山側に向かって左折する角に雌山登山口の標識と登山道案内図が立っている。

途中から舗装道が砂利道に変わり、牧草地、**苗畑**をすぎると林道となる。杉や桧、広葉樹の林の中を標識に沿って登っていくと**林道終点**に着く。「雄山・雌山登山道案内図」「登山道入口雌山山頂まで20分」の標識が立っている。

ここから細い山道になる。小さい谷を渡り、左の斜面のカラマツ林の中をジグザグに、途中から斜め上にまっすぐ登っていく。頂上

■鉄道・バス
往路・復路＝JR姫新線刑部駅から中組までバスが運行されているが、登山には不向きで、タクシーを利用することになる。

■マイカー
中国自動車道久世ICから国道181号、県道32号で勝山町経由大佐町小阪部の新見消防署大佐分室横の信号から、北へ約12㌔、県道58号、317号を走り、大井野中組に着く。新見ICからは国道180号、県道32号で大佐町小阪部に入り、右記の道順による。駐車場は旧大井野小中学校跡地が利用できる。大井野上組の林道上部にも駐車スペースはあるが、私有地なので駐車は遠慮したい。

■登山適期
新緑、紅葉のころがよい。

■アドバイス
▽山名は、麓から見た2つの峰を夫婦と見立て、低い方を雌山、高い方を雄山と名づけたのではないかといわれている。
▽大井野中組にお〜いの源流体験村雄山の家雌山の家☎0867・98・3676があり、宿泊ができる。

■問合せ先
新見市大佐支局☎0867・98・2111、大佐タクシー☎0867・98・2151

■2万5000分ノ1地形図
千屋実・上刑部

雄山山頂に咲くリンドウ

に近づいて、左に回りこむように登ると、雌山直下に大岩が張り出し、展望台のようになっている。この上に立つと西から北側の雄山や花見山《はなみやま》など、阿新《あしん》の山々や大井野の谷が一望できる。

展望を楽しんだら**雌山**山頂に登る。4等三角点の金属標と「雌山山頂1067㍍」の標柱、「雄山登山道雌山山頂まで45分」の標識が立っている。

ひと休みしたら、雄山に向けて出発する。桧やカラマツ、広葉樹の林の中の山道を雄山登山道の標識にしたがい、最初のピークはトラバース気味に、次は石柱のあるピーク、さらに2つの緩やかなピークを越えると**雄山**山頂に着く。特に桧林の中は標識にしたがい、踏跡をはずさないよう注意しよう。

こんもりした雄山の頂上には、2等三角点の標石と「雄山山頂標高1153㍍」の標柱が立っている。360度を見わたすことができ、すばらしい展望を楽しもう。北には、左から花見山、正面に大《だい》山《せん》、蒜山《ひるぜん》の山並み、南には大佐山《おおさやま》を眺めることができる。

下山は、来た道を忠実にたどり**大井野中組**に帰る。（岸本伍郎）

CHECK POINT

標識にしたがって大井野上組で左折する

林道終点。ここから登山道に入る

雌山から雄山への登山道は、広葉樹や桧の林の中を歩く

雄山山頂。360度のすばらしい展望が得られる

29

古い歴史を残す山里から、急坂を汗して登る

天銀山

てんぎんさん
980m

日帰り

歩行時間＝2時間15分
歩行距離＝3・5㎞

技術度
体力度

コース定数＝9
標高差＝384m
累積標高差 380m 380m

天銀山は主要道路から少し奥に入った静かな山だ。アプローチの林道に比べると尾根の斜面はかなりハードな急登となる。その分、体力や持久力を計るには格好の山だ。山麓には千屋《ちや》ダムがあり、その山容は深く、静まりかえった自然の最深部へ分け入っていくようでもある。林道の横を流れるせせらぎの音と草花、虫たちの和やかで、のびのびした姿に出会えるのも楽しみだ。

多目的ダムの千屋ダムを眺めながら、国道180号を北上、千屋地区の一集落である朝間《あさま》には、山陰へ配流された後醍醐天皇足跡の記念碑がある。山陽路と山陰路が分岐する中国山地である。

朝間の先で、左折して県道11号に入り、釜村《かまむら》地区を目指す。大忠《おおただ》の集落に入ると、天銀山の山容がどっしりと見える。三角点は左奥のピークだ。大忠バス停のそばから左折して県道を離れ、田畑を山

大忠集落から見た天銀山の山容。左のピークが三角点のある山頂

■鉄道・バス
往路・復路＝JR伯備線新郷駅からバスが出ている。大忠バス停まで所要約15分。ただし、便数が少ないため、マイカーの利用がおすすめ。

■マイカー
新見ICから国道180号を北上、2つのトンネルを抜けると千屋地区に入り、その一集落の朝間の先で左折して県道11号に入り、釜村地区を目指す。大忠の集落に入り、大忠バス停のそばから左折して県道を離れ、田畑を山際へ入っていく。林道を1キロほど入ると駐車可能な林道の分岐点に着く。

■登山適期
雪解けの4月から初雪の11月まで登られているが、4～5月が最適。

■アドバイス
▽千屋ダムは1200万立方メートルの容量をもち、都市用水の供給を行う高梁川源頭のダム。3000キロワットの発電ができる多目的ダム。この周辺の散歩は楽しい。
▽国道180号を北上したところにある千屋温泉いぶきの里（☎0867・77・2020）で汗を流すことができる。

■問合せ先
新見市役所☎0867・72・6111

■2万5000分ノ1地形図
足立

CHECK POINT

大忠のバス停

林道を奥に入っていく

頂上への道

朝間にある後醍醐天皇休石

際へ入っていく。

林道を1キロほど入ると駐車可能な**林道の分岐点**に着く。ここに車を停めて歩きはじめよう。左手の渓流沿いの林道に入っていく。林道は4キロほどで、**尾根の鞍部**まで続いている。緩やかに登る道だ。

尾根筋からは急斜面になる。いろいろな色が混じったテープやヒモが散見できる。境界杭が頂上斜面まで続いている。1キロほどの、息のはずむ急登だ。急ぐことはないので、体力に応じて、マイペースで登っていくことにしよう。

登りきったところで尾根が合流し、ゆったりとした山頂への尾根筋になる。残り500メートルほどの樹林帯だが、少し残されている自然林の変化と豊かさに驚かされるだろう。ほどなく**天銀山**山頂に登り着く。

三角点は樹林帯の中にあり、残念ながら展望は得られない。苦労して登ってきた登山者の記念の刻印がいくつか残されているだけだ。

ひと休みしたら、往路を引き返すことにしよう。 (田中源三郎)

30 アウトドアスポーツ・エリアとして人気の山
大佐山
おおさやま
989m

日帰り

歩行時間＝4時間
歩行距離＝8・0㎞

技術度 ★☆☆☆☆
体力度 ★☆☆☆☆

コース定数＝17	
標高差＝632m	
累積標高差	↗655m
	↘655m

刑部《おさかべ》の街並みから西を仰ぐと、あたかも麓の町を庇護するかのように、泰然と座っているのがこの山だ。今は合併して新見《にいみ》市となっているが、それまでは大佐山から町名をとって大佐町とし、合併後も地名に「大佐」の名を残している。地域の人々がそれだけ大佐山を心の拠りどころとしている証だろう。

↑刑部小学校より望む大佐山。パラグライダーの飛翔を見ることもある

←山頂より俯瞰した大日高原風の聖域エリア。左からパラグライダー教室のおおさネイチャークラブ、風の湯温泉、大佐山オートキャンプ場

登山路は、JR姫新《きしん》線**刑部駅**から街並みを400メートルほど北上して、南町の交差点を左折する。広い道なりに行き、県道32号新見勝山《かつやま》線の信号を横断して約500メートル進むと大日《だいにち》橋にいたる。道はしだいに坂道となり、大佐神社横を通り、大きく左右に5回ほど曲がると大日高原に着く。

パラグライダー教室が開かれる草原を右手に見ながら、まっすぐ登る。坂はしだいに急になり、やがて**登山口**に着く。駅からは約3キロだ。

登山口からすぐに道が二手に分かれる。右は正面登山道、左は南登山道だ。大佐山山頂までは正面登山道を行くと1・7キロ、1時間30分、南登山道は3・5キロ、2時間といったところだろう。

ここでは正面登山道を行ってみよう。南登山道と分かれて100メートルほど行ったところに、左手に中央登山道の小さな標識があり、「頂上まで1・8キロ／1時間」の行程を示している。正面登山道は谷すじを渡ってやがて左に山道となる。ヌルデの木の多い雑木林を直

パラグライダーのプラットフォーム

■鉄道・バス
往路・復路＝JR姫新線刑部駅が起点・終点となる。
■マイカー
中国自動車道大佐SICから県道32号を北上、刑部駅の先で「大佐山」の標識にしたがって左折して登山口へ。サービスICから約8・5キロ。登山口に駐車スペースがある。

登する。

　登山口から30分ほどで標高600メートルとなる。アカマツ、コナラ、ダンコウバイ、ツツジ、ガマズミ、アセビ、ネジキ、カシワ、ウリハダカエデなどの木々を眺めながらの道中だ。時折出合う小岩・大岩の下手を通り越すと、大佐山と大日高原の方向を示す標識が現れ、**パラグライダーのプラットホーム**へひょっこり上がってくる。そこからいくつもの施設や建物が現れてくるが、南側尾根すじを約20分歩くと直下に展望塔のある**大佐山**山頂に着く。展望はすばらしい。

　下山は往路を戻るか、南登山道を下ってもいいだろう。


（山本廣康）

CHECK POINT

1 JR刑部駅。列車は上下８便しかない

2 大佐神社下の車道分岐。左へ行く

3 登山口。直上すればすぐに正面と南登山道に分岐する

4 頂上直下の星空の館とあすなろタワー（休館中）

■登山適期
新緑と紅葉の季節が最適。他のアウトドアスポーツといっしょに楽しむとよい。

■アドバイス
▽大日高原「風の聖域エリア」には大佐山オートキャンプ場（☎0867・98・3711）があり、全サイトで設備が整っている。
▽パラグライダースクールのおおさネイチャークラブ（☎0867・98・3400）があり、各地からの愛好者や、初心者も多く集う。道具のレンタルやレッスンも可能。
▽登山口近くに人工温泉の風の湯温泉（☎0867・98・9590）がある（7〜9月のみ営業）。
▽頂上の大佐山エリアには車道が通じており、パラグライダーのプラットホームがある。
▽刑部から上流の大佐ダム周辺は「お〜さ源流公園」として、カヌー、トレッキング、釣りなどのアウトドア体験ができる。
▽大佐ダム上流の大井野地区にお〜いの源流体験村があり、雌山の家・雄山の家（☎0867・98・3676）では宿泊もできる。

■問合せ先
新見市役所大佐支局☎0867・98・2111

■2万5000分ノ1地形図
刑部・上刑部

31

国有林の美しい森と三室川水源の山

三国山

みくにやま
1129m

日帰り

歩行時間＝2時間20分
歩行距離＝2・5km

技術度

体力度

コース定数	＝8
標高差	＝284m
累積標高差	310m（上り） 310m（下り）

三国山は、岡山県西北部の新見《にいみ》市と鳥取県日野《ひの》町、広島県庄原《しょうばら》市の三県境にある。明治42年から230《ヘクタール》に杉10万本、ヘンガシワ20万本が植えられた国有林の山だ。千年の悠久の旅に向かうかのような自然の奥深さに満ちた山で、山肌は美林に覆われ、渓流の潤いに満ちている。

↑三室集落から見る三国山。特に夕日の影の姿がよい

←季節にはシャクナゲが美しい三室川。初夏は多くの観光客が訪れる

近年、シャクナゲで知られる三室《みむろ》川にダムが完成し、みごとな道路ができて便利になった。その分、渓流の魚はすっかり戸惑っていることだろう。頂上は登山道斜面に続く流紋岩質火砕流・疑灰岩で、大きくのびた森林帯を支え、登山道は急峻な斜面だが、県境尾根はなだらかだ。

中国自動車道新見ICから旧神郷《しんごう》町に入り、JR伯備《はくび》線足立《あしだち》駅をすぎて県道12号に入るとシャクナゲ自生地の三室川になる。三室集落に着くと三室富士がみごとだ。宮《みや》の谷川《たにがわ》分岐から人工林に入る。林道はこの舗装道路を約1キロ進んだところにある。このあたりで適当に駐車して出発するのも一興だ。やがて三国山登山口の石の案内があり、植林祭で設置された広い駐車場に着く。ここが**登山口**になる。

県境の尾根までは急な登り斜面になっている。人工林の中のルートだ。のびのびしたのもあれば、ねじれた偏屈そうな木もある。こ

■鉄道・バス

往路・復路＝最寄りの三室上バス停へは新見市営バスが運行されている。ただし便数が少なく、週末運休のため、新見駅からタクシーを利用するか、マイカーがおすすめ。

■マイカー

中国自動車道新見ICから旧神郷町に入り、JR伯備線足立駅をすぎて県道12号に入ると、ダムの案内など観光標識が立つ三室川になる。りっぱな舗装道路を走り、トンネルを抜けると三室集落に着く。右手の宮の谷川分岐から林立する人工林に入る。林道はこの舗装道路を約1キロ進んだところにある。カーブミラーの地点に案内板があるので確認して進もう。整備された砂利道を3キロほど進むと三国山登山口の石の案内があり、広い駐車場に着く。

れが自然なのだろう。優美な木の姿を見つけては人心地つける。

鳥取県との**県境尾根**には杭が散見され、視界が開けて、広島県境からの尾根が見えてくると、ほどなく**三国山**山頂に登り着く。山は奥深く、渓流をたどって登るルートも山慣れた登山者には好まれているようだ。

下山は往路を戻る。

（田中源三郎）

三国山山頂。展望を楽しみながらひと息つこう

CHECK POINT

植林祭で整備された広い駐車場がある

「三国山登山口」と彫りこまれた大きな石がある

杉の植林地を登っていく。しっかりした道で迷うことはない

広島県との県境尾根が見えてくれば山頂は近い

■登山適期

雪解けの4月から初雪が見られるようになる11月までが適期。

■アドバイス

▽三室川ダムの上流の三室峡一帯にはシャクナゲが植栽されていて、4月下旬～5月上旬の開花期には、峡谷沿いに美しい花が咲き、大勢の行楽客が集まる。峡谷は秋の紅葉期も美しい。

シャクナゲ咲く三室川ダム

▽高瀬ダム湖畔にある神郷温泉（☎0867・93・4106）はさまざまな施設が整っている。日帰り入浴も可能だが、宿泊してゆっくりすごすのもよい。オートキャンプ場、交流山村体験館、ふれあい交流広場なども隣接している。

■問合せ先

新見市神郷支局☎0867・92・6111

■2万5000分ノ1地形図

油野

32

雄大な景観を楽しむ吉備高原の最高峰

天神山

てんじんやま
777m

日帰り

歩行時間＝3時間
歩行距離＝5・0km

技術度

体力度

コース定数＝13	
標高差＝520m	
累積標高差	580m / 580m

天神山は、高梁《たかはし》市の成羽《なりわ》町坂本《さかもと》と備中《びっちゅう》町西油野《にしゆの》の境に位置し、平凡な丘陵と木立の山が多い吉備《きび》高原にあって、奇岩、断崖を見せる山だ。山頂からの眺めもすぐれ、北に中国地方の名峰・大山《だいせん》、南に瀬戸内海を望むことができ、訪れる登山者も多い。また吉備高原の最も高い山でもある。

登山口は県道33号沿いにあり、「**天神山登山口**」の標識があるので、すぐわかる。登山口には駐車場もある。

登山道は中国自然歩道としてよく整備されており、迷わずに登っていける。駐車場の横から登りはじめ、尾根の裾を巻いて頂上直下から流れてくる谷に入る。眼前に天神山の稜線がそびえている。

しばらく左岸を進み、右岸に移ったあたりからせせらぎの音が聞こえてくる。杉林の中をさらに登っていく。傾斜もきつくなりはじめ、杉木立を抜けるころ、登山道は自然石の石段となる。続いて擬木の階段状の道に変わる。

沢の水も涸れ、せせらぎの音も消えて、しだいに傾斜もきつくなる。雑木林の中をジグザグに登っていくと左右に奇岩が現れ、**八合目**の鬼の門に着く（標識がある）。さらに登り続けると谷が開け、**天神林道終点**の広場に着く。

舗装された林道をわずかに西に行くと、自然歩道の地図や天神山

←県道高梁坂本線から望む天神山

←鈴振崖から北の展望。吉備高原に集落が点在している

■**鉄道・バス**

往路・復路＝公共交通機関を利用する場合、JR伯備線備中高梁駅からバスで成羽まで行き、成羽で新見行きのバスに乗り換えて坂本まで行く。バスの乗り換えなど時間もかか

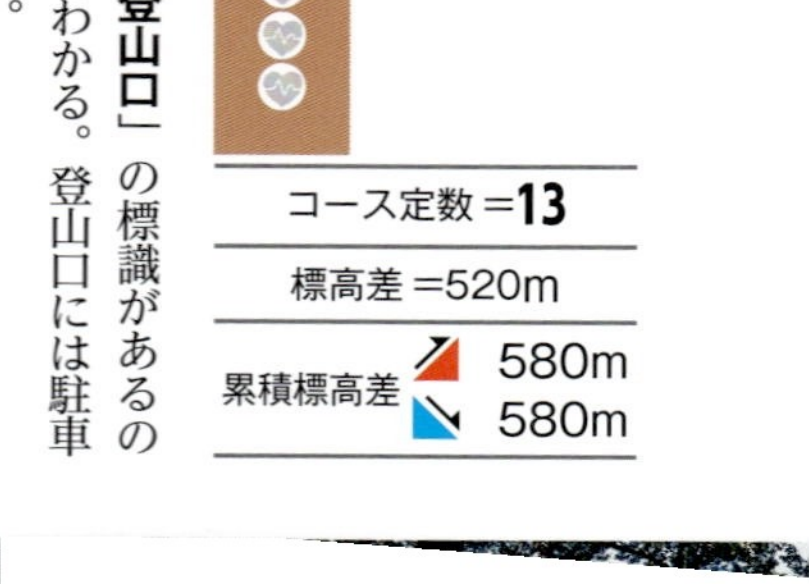

山頂近くに鎮座する天満神社

を案内する看板が立っている。その脇にある道標にしたがって南側の尾根に入り、クマザサの中を進む。小さなコブを越え、2つ目のピークが1等三角点の**天神山**頂上だ。山頂は木立にさえぎられて眺めはよくない。

林道終点の広場まで戻り、左に行くと天満《てんま》神社に出る。さらに鈴《すず》振崖《ふりがけ》への道標にしたがって進む。尾根は狭くなるが、鎖の手すりに沿って小さな岩峰に登ると**鈴振崖**だ。眺めはすばらしく、吉備高原はもちろん、中国山地のなだらかな山々が見わたせ、360度の展望を楽しむことができる。

帰路は、登ってきた道を引き返す。

（岡本忠良）

CHECK POINT

登山口。右の山道に入っていく

林道終点近くで前が開ける

林道から道標にしたがい山頂へ向かう

1等三角点がある天神山山頂

り、便数も少なく、登山に合った時間帯のダイヤではないので不便。いずれにしてもマイカーの利用が便利だ。

■マイカー 岡山、倉敷方面から国道180号を北へ、高梁市落合から国道313号を西に進み、途中から県道33号に入り、新見川上線を北上する。坂本のわずか手前の県道沿いに「天神山登山口」の標識がある。登山口には駐車場もある。

■登山適期 風薫る新緑のころと秋の紅葉の時期が最適。冬は積雪を見ることもある。

■アドバイス ▽下山路は、林道を歩いて3キロほど先の峠から上光谷を坂本まで下ってもよい。▽坂本には、江戸時代に銅山とベンガラで財を築いた天領大庄屋の西江邸（西江資料館／☎0866・29・2805）があり、公開されている。▽坂本の東の高原上には、銅山とベンガラで栄えた古い街並みを残す吹屋ふるさと村（国の重要伝統的建造物保存地区）がある。

■問合せ先 高梁市成羽地域局☎0866・42・3211、備北バス高梁バスセンター☎0866・22・2081

■2万5000分ノ1地形図 吹屋

33 祇園山

名刹・祇園寺と明るい風景の寺域を訪ねる

日帰り

ぎおんやま
550m

歩行時間＝2時間40分
歩行距離＝9・0km

技術度
体力度

コース定数	＝11
標高差	＝273 m
累積標高差	400 m / 536 m

←県指定天然記念物の大杉と仁王門。この位置から見る祇園寺は明るく、心に残る
←祇園宮（左）、祇園寺（右）と大杉

祇園山は、高梁《たかはし》市巨瀬《こせ》町にあり、標高は550㍍《メートル》だが、山頂には標石もなく、広い平になっていて、頂上という感じはしない。山腹の祇園寺をゆっくり見学して下山するのもよいだろう。

仁神口《にかみぐち》バス停から茶屋、**河原地《かわらじ》**と歩いていく。この道はかつての祇園口とよばれた表参道で、扁額に祇園宮を掲げた大鳥居のかたわらには、明和3（1776）年の元号が彫られた石仏がある。

八丁の参道を石仏に迎えられて登っていく。中国自然歩道となったため、古道が消えて、新しい階段となったが、案外歩きにくい。最後の一丁の丁石をすぎると、突然横田《よこた》からの車道に出る。急に景色が開け、目の前に棚田や寺の建物が広がり、道はまっすぐ祇園社

■鉄道・バス
往路＝JR伯備線備中川面駅から日に数便しかない宮瀬口行きのバスに乗り、仁神口バス停で下車。
復路＝宮瀬口バス停から備北バスでJR伯備線高梁駅へ。

■マイカー
国道180号で高梁市を抜け、新幡見橋から国道313号に入る。北上して宮瀬口をすぎ、友末国司橋を左折。自然歩道を通って祇園寺へ。祇園寺に駐車可能。

■登山適期
盛夏を除き、一年中登山は可能。夏は暑いので避けた方がよいだろう。

■アドバイス
▽中国自然歩道で木野山神社と祇園寺を訪ねるコースで、木野山神社から祇園寺までの移動は車を利用すれば便利。
▽祇園社は京都を中心に全国にあり、祇園精舎の守りにあたる力強い牛頭天王を祭神として庶民の信仰を集めた。仏教の伝来以降、インドの仏・菩薩は、日本の神々になったという考えが広がり、牛頭天王はよく似た日本の荒ぶる神・スサノオノミコトに化身して権（かり）に現れたという。権現信仰の祇園社も素戔嗚尊を祭神としている。

■問合せ先
高梁市役所☎0866・21・0200、備北バス高梁バスセンター☎0

CHECK POINT

1 河原地鳥居。祇園踊りに歌われた八丁坂の入口

2 市指定文化財の十三重層塔。鎌倉初～中期の作品といわれる

3 県指定文化財の石造宝塔。均整のとれた形が美しい

4 参道にある六角堂。手前の石仏には享保の年号がある

へとのびている。

祇園寺の仁王門から境内に入ると、右に祇園寺、その裏手に祇園宮が鎮座する神仏混淆型の配置だ。祇園寺は、弘法大師が開基したと伝えられる真言宗の名刹で、境内には大きな花崗岩の十三重層塔や祇園寺宝塔があり、寺の風格を感じさせる。宝塔は、中世のもので、高さ3・58メートル、どっしりして美しく、県の文化財に指定されている。

一方、祇園宮前の鳥居の扁額にはインドの祇園精舎の守護神である「牛《ご》頭《ず》天王」の名が刻まれている。牛頭天王は日本では素戔嗚尊とされ、祇園宮はこの荒ぶる神を祭神として、そのエネルギーで病気を追い払い、虫害をなくすとして信仰された。

■2万5000分ノ1地形図
川面市場・有漢・高梁・豪渓
866・22・2081

頂上へは、祇園宮左の小道に入り、御神水の脇を通って林道に出て緩やかな道を登っていく。中国電力の中継所裏が**祇園山**山頂だ。

下山は、**祇園寺**まで下りて、横田に通じる舗装道路を下ろう。寺までの丁石を逆に数えながら歩を運ぶ。石に刻まれた「安永」という年号にも歴史の重みを感じる。

途中、以前は茅葺きだった六角堂があり、中に馬頭観音、外に「享保」の元号が読める石仏がある。この付近は、みごとなアカマツの林が続く。

まもなく道が4つに分かれる。小さな鳥居は御崎宮《みさきぐう》のもので、天保11（1840）年の建立。道を右にとると、集落の中を通って川《かわ》面《も》と宮瀬口《みやせぐち》を結ぶ道路に出る。**横田校前バス停**は難波商店の前。バスの時間に合えば利用するが、歩いて**宮瀬口バス停**へ。高梁へは、ここの方がバス便が多い。

（河合卯平）

34

木野山さまと親しまれる古社を訪ねる

木野山

きのやま
518m

日帰り

歩行時間＝2時間45分
歩行距離＝9・0㎞

技術度 体力度

コース定数	＝14
標高差	＝444m
累積標高差	555m / 535m

川面の秋町橋より見る木野山。高梁川にかかる鉄橋はJR伯備線

木野山は、高梁《たかはし》市津川《つがわ》町今津《いまづ》にあり、山頂に木野山神社奥宮、山麓に里宮が祀られている。奥宮の社殿を守る狛犬が狼であるのが珍しい。

　里宮からの表参道から登り、裏参道を山乢《さんたわ》に下りるコースを歩いてみよう。参道には奥宮への距離が丁石で示してあり、表参道19丁（約2・1㌔）、裏参道23丁（約2・5㌔）となっている。

　JR伯備《はくび》線木野山駅から駅前の通りを東へ行くと、木野山神社里宮がある。参拝後、石段を下りてすぐ右に行き、舗装道路を登る。すぐに「木野山奥宮15丁」の丁塚と道標があり、右上の参道に入る。

　松林の中を大きく曲がりながら323《メートル》ピークの中腹を巻く。東に有漢《うかん》川を隔てて臥牛山《がぎゅうさん》北面の採石場を見て鞍部に着く。ここから急登となり、10分ほどで**休憩舎**がある。奥宮まで6丁だ。

　尾根伝いの道になると緩やかになる。巨大な鉄塔をすぎると、西側に高梁川を隔てて高村山《たかむらやま》が見える。ほどなく古びた鳥居をくぐって、崩れかけた石段を登ると、**木野山**山頂の奥宮だ。神域は広く、かつては社殿をはじめ、たくさんの建物があり、参詣の人でにぎわったという。

　下山は、トイレの前を通って北に下りている中国自然歩道に入る。電話中継施設のそばを通り、5分も下れば「祇園寺へ10・5㌔」の道標に出合う。大鳥居の近くに小さな石の道しるべがあり、小道が下っているが、道しるべの字は

「狼の木野山さん」として畏敬を集めてきた木野山神社奥宮。塩が供えられている

■鉄道・バス
往路＝JR伯備線木野山駅から歩きはじめる。
復路＝JR備中川面駅で登山終了。

■マイカー
岡山自動車道賀陽ICから国道484を高梁へ。国道180号を北上し、新幡見橋交差点を右折。JR伯備線のガード下を通り、木野山神社里宮へ。境内に20台駐車可。

■登山適期
梅雨から秋の彼岸までは暑いので避けた方がよい。正月の宮参りをかねて、冬枯れの山歩きもよい。登りで汗をかき、よい運動になる。

判読できない。かつての参詣の道であったのだろうか。

　この裏参道は表参道よりも歩きやすく、快適にどんどん下りていく。配水所をすぎると、急に明るい桧の植林地に出る。左にやや大きな池の堤で道が**分岐**する。堤の下の道は備中川面《びっちゅうかわも》駅への近道だが、夏は草が生い茂り、歩けない。まっすぐ10分も歩けば、木野山神社参拝の北口、**山乢**だ。小さなお堂があり、「木野山宮廿三丁」という古い丁石が草に埋もれている。

　山乢で右に行けば中国自然歩道で祇園寺に向かい、左に行けば下りとなり、屋敷《やしき》を経て、**川面市場**《いちば》に入る。川面小学校の先を右折し、踏切を渡って**JR備中**《びっちゅう》**川面駅**に着く。（河合卯平）

CHECK POINT

伯備線開通で移された木野山神社里宮

六丁にある休憩舎

古い丁石がある山乢

山乢のお堂前に道祖神が祀られている

■**アドバイス**

▽「狼さま」は疫病（コレラ）に霊験あらたかとされ、明治初年の流行時、参詣人が多く、二次感染を心配して参詣禁止令が出されたこともあるという。

▽明治38（1905）年、奈良県で捕獲されたのを最後に日本では姿を消したニホンオオカミは、古来「狼さま」として信仰されてきた。樹木の皮を食い荒らし、樹木を枯らすシカの天敵として、その増殖を防いできた。ところが、江戸時代の末、外国船の来航とともに狂犬病が伝わり、狼がそのため激減し、ついに絶滅に追いやられた。日本各地にシカが増え、樹木を枯らすこととなり、最近ではシカの侵入を防ぐ弱い電流を流したフェンスも見られるようになった。

▽木野山の3等三角点は、奥宮の建物から西に120㍍地点にある。竹林の中の道を下りると水場があり、ここからブッシュの中の踏跡を左に登る。三角点は、川津村界標石と並んで置かれている。松林の中で展望はまったくない。

■**問合せ先**

高梁市役所☎0866・21・0200、備北バス高梁バスセンター☎0866・22・2081

■**2万5000分ノ1地形図**

高梁・川面市場

35

心が休まるふるさと村の高原散歩

八塔寺山

はちとうじやま 538m

日帰り

歩行時間＝1時間55分
歩行距離＝3・5km

技術度 ■□□□□
体力度 ■□□□□

コース定数	＝7
標高差	＝165m
累積標高差	↗210m ↘210m

「峠を越える消えかけた細道、そこに立つ赤いよだれかけのお地蔵さん……なによりおいしい空気」。

↑稲掛けと茅葺き屋根の農家の向こうに八塔寺山を見る

←八塔寺山山麓の高顕寺。数多くあった寺院は火災と宗派争いで衰え、八塔寺（天台宗）と高顕寺（真言宗）だけが残った。しかし、この2つの寺のたたずまいは、八塔寺の盛時をイメージするに充分である

わずかに残るこのふるさとの景観をいまに残そうと、岡山県が、八塔寺村を「ふるさと村」の第1号に指定したのは、1974（昭和49）年だった。その後、1988（昭和63）年、映画「黒い雨」のロケ地に選ばれ、原爆への怒りを静かに訴えて、八塔寺は「ふるさと」の存在感を示した。今訪ねてもこの「ふるさと」の風景は、もちろん変わっていない。

八塔寺山は、ふるさと村の中にあり、「ふるさと」を構成する山である。眺めるのもよいし、登ってみるのはなおよい山だ。備前東部の最高峰だが、400ﾒｰﾄﾙの高原にそびえているので、140ﾒｰﾄﾙ登れば頂に立てる。

JR山陽本線吉永《よしなが》駅からバスに乗り、**八塔寺バス停**で下車すると、ふるさと村の茅葺き屋根の民家が目に入る。民俗資料館の先を右に回ると、天台宗**八塔寺**の前に出る。

■鉄道・バス
往路・復路＝JR山陽本線吉永駅から八塔寺行き備前バスに乗車、30分で八塔寺バス停に着く。バスは便数が少なく、平日は7便、学校の休日は3便となる。

■マイカー
山陽自動車道和気ICから国道374号で和気へ。県道96号を吉永へ向かい、県道368号を経て八塔寺へ。

■登山適期
いつでも登れるが、7～9月は避けた方がよい。桜と新緑の4～5月と秋から冬にかけて、空が澄んだ日が最適。

■アドバイス
▽八塔寺の歴史は古く、聖武天皇の勅願により、728年に弓削道鏡が建立したといわれる。平安時代以降、山岳仏教の中心として「西の高野」といわれたが、火災で衰微していた。鎌倉時代、源頼朝が梶原景時を奉行に命じ、七堂伽藍・僧舎72坊を再建したという。
▽マイカーの場合、帰路に岡山藩主池田家墓所や田倉牛神社に立ち寄るとよい。

■問合せ先
備前市吉永総合支所☎0869・84・2511、備前バス☎0869・67・1555

■2万5000分ノ1地形図
上月・上郡・林野・日笠

CHECK POINT

1 茅葺き屋根の民家を移築した民俗資料館

2 不動明王の石仏と行者堂。堂前の岩壁には修行用の鎖がある

3 後鳥羽上皇の仮泊所跡といわれる皇屋敷

4 日吉神社は数多くあった寺院の守り神

ここから登山道がはじまる。左に曲がって林を通り抜けると、植林のために伐採した明るい斜面に出る。谷を横切って向かいの尾根を登る。擬木の階段がつけられていて登りやすい。稜線に出るとまもなく展望所があり、南側の展望がすばらしく、すぐ下に八塔寺の盆地、遠くは播磨灘《はりまなだ》から屋島《やしま》、五剣山《ごけんざん》まで見える。西側もよいが、騒々しい爆音を発する英田《あいだ》の岡山国際サーキットが見え、「ふるさと村」には似合わない光景だ。

歩を進めるとすぐに**行者堂**に着く。この山は、別名「行者山《ぎょうじゃやま》」ともいわれ、1910年ごろまでは、お籠もりして修行する行者も多かったという。いまでも堂の南側の岩壁には鎖がかかっている。

行者堂の横から林の中にある八十八箇所参りの道をたどって、29番札所が**八塔寺山**頂上となる。2等三角点があるが、展望はない。

帰りは昔の登山道を歩こう。**行者堂**から東の尾根を下り、左の谷の杉林の中に入る。途中分かれ道が3箇所あるが、いずれも右側を行けばよい。北側から東側に出て下りかかると、**皇屋《すめら》敷**の石碑がある。後鳥羽上皇が隠岐《おき》に配流になった際の仮泊所跡だという。さらに下れば、**日吉《ひえ》神社**の前を通り、中国自然歩道に出る。あとは往路を**八塔寺バス停**へ。（河合卯平）

高顕寺近くには水車がある

36 近世山城を訪ねるハイキング

佐伯天神山

さえきてんじんやま
409m

日帰り

歩行時間＝3時間40分
歩行距離＝6・0km

技術度 ■□□□□
体力度 ■□□□□

コース定数	＝**14**
標高差	＝376 m
累積標高差	↗ 505 m ↘ 505 m

佐伯天神山は、和気《わけ》町の吉井《よしい》川左岸にある急峻な山である。和気町の金剛《こんごう》大橋から国道374号で川を遡ること約6・5キロに位置している。この山の337メートル地点から頂上にかけて、県指定の連郭式山城の遺構がある。守護の浦上宗景が天文初年から前期・後期に分けて築いた城だ。

備前バスを河本《こうもと》バス停で降り、国道沿いの天石門別《あまのいわとわけ》神社脇の**登山口**に取付く。ここからかつての急な登城の道を、見張り所、天神《てんじん》地《じ》蔵《ぞう》と登っていく。この地蔵は風化して顔や体の輪郭がわかる程度だが、永禄壬戌（1562）の年、城主・宗景が自分より若くして戦死した侍たちの供養祭をした際に奉納したといわれている。

登山口から40分、急に平坦地に出る。稜線を削って城郭をつくった場所だ。とくに桜馬場は、中心に「カコの樹」があり、広くて気持よい草地になっている。ここから15分の往復で城兵に飲料水を供給した百貫《ひゃっかん》井戸に行ける。

長屋《ながや》ノ段《だん》、二ノ丸、空堀と通って、**本丸**に着く。後期に築城された新本丸は、村人の崇敬を集めていた天津社《あまつしゃ》を山麓に下ろし、その

↑河本コミュニティハウス前から見る佐伯天神山。稜線上を削った平坦地に、本丸、二ノ丸と続く郭がつくられた連郭式山城だ

←カコの木がある広い馬場。城中でいちばん大きな広場で、場内の兵を集めて命令を下したと思われる

■鉄道・バス
往路・復路＝JR山陽本線和気駅前から周匝行き赤磐市広域路線バス（赤磐・和気線）に乗り、河本バス停下車。約15分。

■マイカー
マイカー利用が便利。山陽自動車道和気ICから国道374号を北上して登山口へ。約10キロ。駐車は登山口付近に数台は可能。また、近くにコミュニティハウスがあり、区長の許可を得れば駐車可能。和気町役場佐伯庁舎に連絡する。

■登山適期
早春から桜馬場に植えられた桜が花開く4月初旬、新緑の5月中旬までと、紅葉シーズンがおすすめ。暑い夏は避けたい。

■アドバイス
▽時間があれば、登山口から10分の伝與次郎の墓を訪れたい。風格のある五輪塔で、29歳で毒殺された城主・浦上宗景の長男の悲しさと、宇喜多直家の非情さが思われる。
▽和気鵜飼谷温泉（☎0869・92・9001）が登山口の河本から和気の街並みに入る手前の谷合いにある。
▽南山麓の和気町益原には明治11（1878）年建造の法泉寺本堂がある。和洋折衷の擬洋風建築の建物で、ポーチ風の拝殿や白い漆喰が塗られた円柱が珍しい。

CHECK POINT

1 登山口の天石門別神社。本丸築城の際、麓に移された

2 天神地蔵。元禄（1562年）のもので風化が進んでいる

3 軍用石。戦いの際に石を武器として用いていた

4 侍屋敷の石垣

境内につくったもので、旧本丸は太《たい》鼓《こ》ノ丸《まる》として東の砦とした。野面積みの石垣や、崩れてはいるが、数段の石段が確認できる。

次に飛騨《ひだ》ノ丸《まる》、馬屋《まや》ノ段《だん》を経て堀切まで下がる。この堀切から東は前期（旧城）のものだ。再び急坂を登って亀《かめ》ノ甲《こう》、石門から太鼓ノ丸に達する。大岩の上に立てば、北北西に棚田の美しい田土《たど》の集落、佐伯ファミリーパーク、その向こうに中国山地の山々が見える。

緩やかな小道を東に進めば、大小の岩石に軍用石という説明がついている。攻め登ってくる敵兵に石を落としたり、投げて殺傷する戦法に使用した場所だ。ほどなく、**佐伯天神山**山頂の3等三角点に着く。休憩は松林の中を**和気美しい森**まで行くとよい。休憩舎やトイレがある。

ひと休みしたら、**本丸**まで引き返し、天瀬《あませ》の侍屋敷に下りよう。四十曲がりといわれるつづら折りの登城の道を30分も下れば、石垣を築いた平坦地が現れる。侍屋敷だ。上部は上級武士の邸宅跡、その下に下級武士の邸宅、吉井川から荷上げに便利な場所に倉庫、馬小屋などの跡がある。

旧片上《かたがみ》鉄道線路跡の**サイクリング道路**に下りて、川の流れを遡る。大正12（1923）年に建造されたトンネルをすぎれば、**登山口**は近い。

（河合卯平）

▽和気町田賀にある岡山県自然保護センター（☎0869・88・1190）は、タンチョウヅルの人工飼育で有名。

■問合せ先

和気町役場佐伯庁舎☎0869・88・1101、赤磐市広域路線バス☎0869・93・1122（和気町危機管理室）

■2万5000分ノ1地形図

周匝・日笠

37 好展望のピーク群が連なる和気アルプスを縦走

和気富士・神ノ上山

わけふじ 172m
こうのうえやま 370m

日帰り

歩行時間＝4時間55分
歩行距離＝9・0km

技術度 ■■□□□
体力度 ■□□□□

コース定数＝**18**

標高差＝349m

累積標高差 上り 600m 下り 600m

金剛川堤防より和気富士を望む。麓に見える2つの岩壁のひとつは南無妙法蓮経の題目石、もう一方は戦前盛んだった蚕の供養塔

竜王山バットトレス。バットトレスとは山頂や尾根まで急峻にせり上がる岩壁のこと

和気《わけ》アルプスは、駅前の曽根《そね》にある和気富士から、和気中学のある泉《いずみ》地区の奥にそびえる神ノ上山を結んで連なる山々をよんでいる。

JR山陽本線和気駅から北へ、金剛《こんごう》川を渡って県道を西に行く。NTTの裏に最上稲荷《さいじょういなり》の赤い鳥居が見える。ここが和気富士への登山口で、和気アルプス縦走の出発点だ。いきなりの急坂で息がはずむ。ゆっくり街並みや川の流れを見ながら**和気富士**頂上へ。山頂は北曽根城址で、城主は、宇喜多氏にしたがい、朝鮮出兵ののち、関ヶ原で敗戦。さらに大阪の陣で豊臣秀頼について敗戦。その後行方不明になっている。

頂上から**観音山**《かんのんやま》へ。この山の麓に和気観音があり、斜面には毎年8月16日に「和」の文字のかがり火を焚く火床がある。岩山から**前**《まえ》**ノ峰**《みね》、さらに穂高山《ほたかさん》まで、いくつもの小ピークを越える。樹木は低く、展望はよい。ただし、岩尾根であり、露岩の上を歩くこともあるので、注意はおこたらないように。前ノ峰の下に鵜飼谷《うかいだに》温泉が見

■鉄道・バス
往路・復路＝JR山陽本線和気駅から歩きはじめる。

■マイカー
山陽自動車道和気ICから国道374号を2㌔強で和気駅。駐車場は和気町役場へ問合せのこと。

■登山適期
6～8月は暑いので避けた方がよい。秋分の日の翌日～11月15日はマツタケ山となり、入山禁止。

■アドバイス
▽和気アルプス縦走路には随所に登山用語の説明板がつけられている。
▽エスケープルートとしては、竜王山分岐から竜王山を経て由加神社へ下りるコースがある。分岐（15分）竜王山山頂（30分）由加神社。
▽下山後は和気鵜飼谷温泉（☎0869・92・9001）で、汗を流していくとよい。
▽和気アルプスが人々に親しまれ、安全に登山できるようになったのは地元在住の藤本氏の労によるところが大きい。「和気アルプス」でネット検索すれば藤本氏のHPがあり、参考になる。
▽和気富士の名はその山容から、神ノ上山のそれは、古代の神の鎮座する岩座がその中腹にあったことによるのだろう。

■問合せ先
和気町役場☎0869・93・1121

える。また、穂高山からは、竜王《りゅうおう》山《ざん》の西斜面のバットレス（崖壁）が眺められる。登高意欲をそそる魅力ある岩壁だ。

竜王山分岐に立つと、今まで歩いた縦走コースと、これからたどる登山道、さらに竜王山経由のエスケープルートがよくわかる。前方に三角形状に見える神ノ上山を目指して急坂を下りよう。鞍部からは標高点274メートルの**奥ノ峰**まで、100メートルをいっきに登る。眼下の宗堂《そうどう》池の色が美しい。

奥ノ峰から神ノ上山までの道は、アカマツやアラカシの木の茂る樹林帯となり、のどかな高原ムードのコースとなる。水のある湿地をすぎると三差路となる。左に登ると和気アルプス最高峰の**神ノ上山**山頂だ。切り開かれた広場があり、北ははるかに那岐山《なぎさん》が望まれ、東には備前《びぜん》市の旧吉永《よしなが》町から遠く兵庫県の山が見える。

引き返して、傾斜の緩い台地を通る。ここには、奈良時代創建で、平安中期に最盛期を迎えた金剛寺《こんごうじ》跡があり、登山道協に石垣を見る。修行の場として、すぐ下の岩場が使われたのだろう。現在は、ロッククライミングの練習場となっている**白岩様**の岩場を見て、尾根筋をどんどん下る。左の谷に下りて、**山の学校**といわれた広場に着く。広くなった山道を和気中学校へ。ここからは舗装道路を歩き、金剛川を渡り、**和気町役場**の前を通って、**和気駅**に帰る。（河合卯平）

1
■2万5000分ノ1地形図
和気

CHECK POINT

観音山斜面の和文字焼き火床

神ノ上山山頂から那岐山を望む

金剛寺跡の石垣。広い敷地だった

白岩様の岩場はクライミングゲレンデになっている

38

古社の高蔵神社を訪ねる展望ハイキング

本宮高倉山

ほんぐうたかくらやま
458m

日帰り

歩行時間＝3時間
歩行距離＝10・5㎞

技術度

体力度

コース定数＝**14**

標高差＝439m

累積標高差 545m 546m

JR牧山駅前から望む本宮高倉山。旭川がつくった高倉山の急斜面。山頂には電波中継塔が立つ

牧山ルート途中からの展望。すぐ下を流れる旭川の向こうに中牧地区が美しい

岡山市街から近く、標高400メートル程度で海を眺められるのは、怒《いか》塚山《づかやま》や金甲山《きんこうざん》など、いくつかあるが、瀬戸内海を望み、さらに中国山地や鳥取県の大山《だいせん》が見えるのは本宮高倉山だけである。頂上は広く、岩が群れをなし、古くは御神体であった。その御神体は、標高350メートルの高倉神社に遷ったので、今では頂上付近を本宮とよぶようになった。

現在、頂上は無線中継塔やハンググライダー基地に利用され、藤棚が設けられた小公園となっている。南山麓には古代山陽道が通り、周囲に堀を残す前方後円墳の両宮山《りょうぐうやま》古墳や、県下有数の横穴式石室をもつ牟佐大塚《むさおおつか》古墳をはじめ、備前《びぜん》国分寺跡、国分尼寺跡があり、古代吉備《きび》文化の中心であった。

岡山駅前からバスに乗り、**牟佐**《むさ》**上**《かみ》**バス停**下車。すぐ前の高蔵神社に参拝し、新道を越えて左折、道沿いに250メートルほど歩き、山側に入る。左に**牟佐大塚古墳**があるので、石室に入って大きさを確認しよう。

引き返して右折、指導標にしたがって登山道に入る。この付近の道路沿いに4～5台の駐車が可能だ。緩やかな登りなので、のんびり2キロほど行くと、鳥居と灯籠が立つ池の畔に出る。近年舗装されて合目の表示ができたが、参詣の道には似合わない。1キロほどで**高倉神社**に着く。

神社は、松や桧からなる社叢に囲まれ、社殿の裏手に磐座があり、古社のたたずまいを見せている。

神社の左裏手から社叢の中の小道に入る。平坦で気持ちがいい道だ。やがて林道に出合い、右に進むと、下市《しもいち》から続く桜並木のアスファルト車道に出る。左に行けば

■鉄道・バス
往路＝岡山駅前から湯郷温泉行きの宇野バスに乗り、約30分、旭川にかかる大原橋を越えて牟佐上バス停で下車する。
復路＝下市バス停から宇野バスで岡山駅へ。所要約42分。

■マイカー
岡山駅前から県道27号などで駐車場が利用できる牟佐スポーツ広場へ。約11キロ。山陽自動車道下をくぐった先の路肩にも駐車できる。

■登山適期
いつでも登れるが、夏の暑い時期は早朝がよい。桜とフジの咲く季節と、冬の晴れた日が最適だろう。

■アドバイス
▽高蔵神社は鳥居の神号額（扁額）によれば、延喜式神明帳（967年

まもなく**本宮高倉山**頂上だ。東に熊山《くまやま》、南東に小豆島《しょうどしま》、西南に岡山市街、西に金山《かなやま》が望まれる。

下りは、下市に向かって桜並木の道を下る。北に見える大錫杖《だいしゃくじょう》山《やま》への林道の分かれ道はまっすぐ進む。途中で牧場やクレー射撃場の前を通って下っていくと、山麓の**鴨前大池**《かもさき》に出る。左から来る道に沿って右折し、すぐ左に曲がってブドウ畑の中の道を行けば、**下市バス停**は近い。

また、左に曲がらず、池と池との間の道をまっすぐ行くと山陽団地に入る。さらに足王《あしおう》神社手前を右折して池のほとりを南に行けば、備前国分寺跡、両宮山古墳に着く。岡山市内へは、すぐ南の県道を東に行けば岩田《いわた》、西に行けば馬屋《まや》のバス停がある。

（河合卯平）

CHECK POINT

1 高蔵神社から歩きはじめる

2 高倉神社への参詣道を行く

3 ハンググライダー基地から見る金山

4 山頂の桜並木と無線中継塔

岩田バス停近くの両宮山古墳

施行）に載る古社。「正二位高蔵大明神」と陰刻された額が神社に保管されている。花崗岩製で、裏面に「正慶元壬申十廿（１３３２年）大願主神主上道康哉」とあり、北朝の光厳天皇の元号。石造の額でこれほど古いのは珍しい。

▽地形図に記載されていないが、JR津山線牧山駅からの登山コースもある。高倉山に西側から登り、旭川からの急な斜面をはい上がる感じのコースで、登高感が満たされる登山道だ。牧山駅前の潜水橋を渡って、対岸の県道に出て、北に進んで旧御津町に入ると、右側に「南無妙法蓮華経」の題目石がある。そこを右に入り、中国電力の送電線巡視路をたどる。３つほど送電線鉄塔の下をすぎると、頂上の北側に出て傾斜は緩くなる。ここで巡視路と分れて、登山道は電柱沿いに頂上に向かうことになる。無線中継塔が見えると頂上は近い。所要約２時間。

▽牟佐スポーツ広場を起点に太戸の滝を経由する道もあり、車の場合は、下山コースとして利用するとよい。

■問合せ先
岡山市役所☎０８６・８０３・１０００、赤磐市役所☎０８６・９５５・１１１１、宇野バス☎０８６・２２５・３３１１

■２万５０００分ノ１地形図
備前瀬戸・万富・金川・岡山北部

39

鬼ノ城山

西門、角楼が復元された古代山城跡

きのじょうやま　397m

日帰り

歩行時間＝3時間10分
歩行距離＝6・5km

技術度
体力度

コース定数＝12	
標高差＝83m	
累積標高差	395m（登り）
	395m（下り）

鬼ノ城山は、吉備《きび》高原最南端の総社市《そうじゃ》奥坂《おくさか》にあり、古代朝鮮式山城の城壁が平坦な頂上を3㌔もめぐり、城門や石塁、水門などが発掘されている。

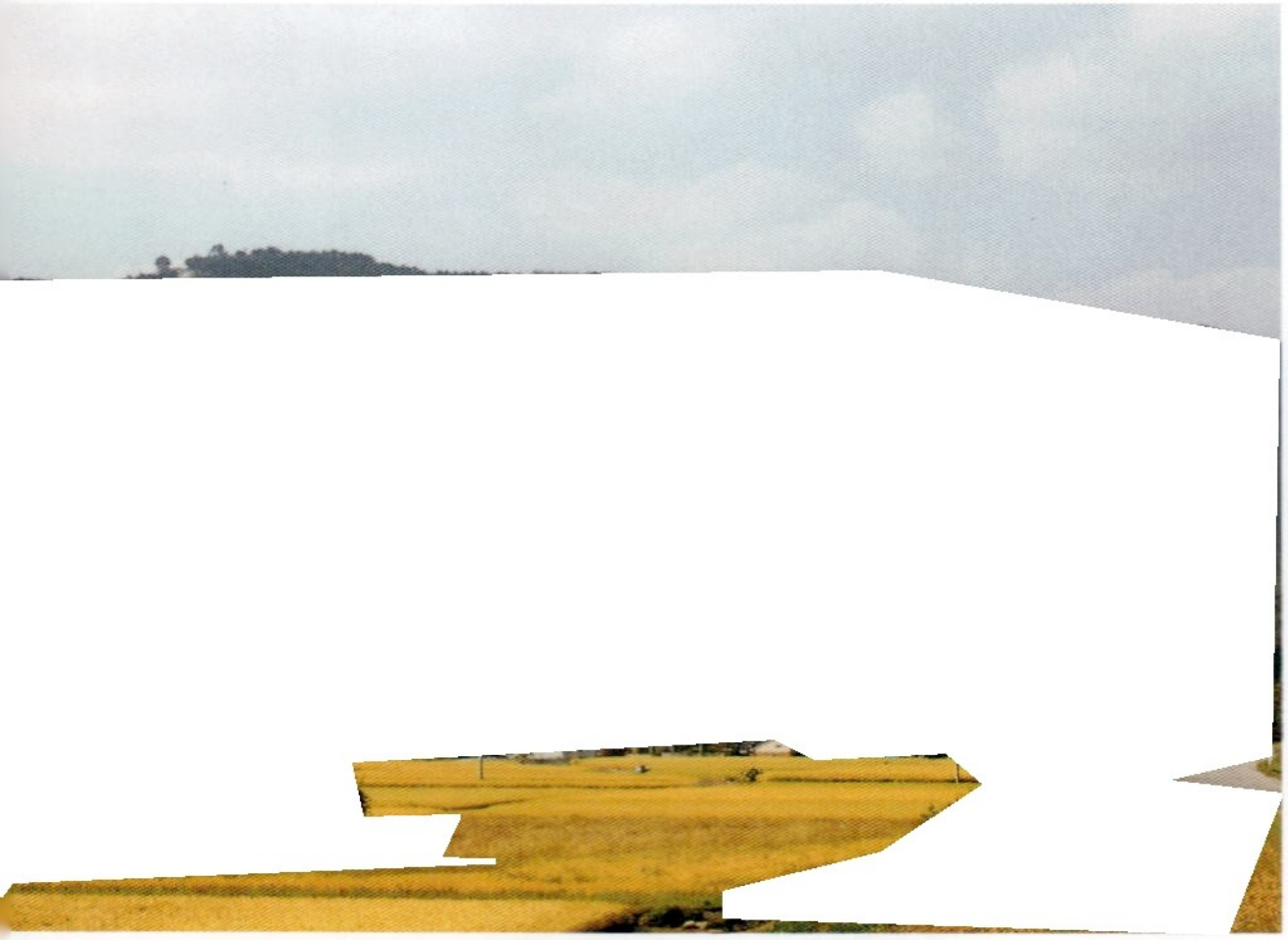

血吸川堤防から見た鬼ノ城山。稜線上に西門が見える

『日本書紀』に、白村江《はくすきのえ》の戦いで大敗した大和政権は、唐・新羅連合軍の日本侵攻に備えて、16の朝鮮式山城を建設したとの記録があり、この城もそのひとつだろうと考えられる。また、吉備津彦命による「温羅《うら》」という鬼退治の舞台でもあり、古代ロマンに思いをはせることができる。

　公共交通機関で出かける場合は、JR吉備線服部《はっとり》駅で下車。北に進んでアカマツ並木が美しい砂《すな》川《がわ》公園をすぎると、急坂となる。鬼の釜のある新山《にいやま》集落に入ると、ほどなく**鬼城山ビジターセンター**があり、ここが登山口だ。マイカーの場合は駐車場が利用できる。

　ビジターセンターの見学を終えたら遊歩道に歩を進めよう。急坂だが、復元された西門と、それを防備する角楼までは車椅子でも登ることができる。西門は天空にそびえたち、堂々たる威容を誇っている。角楼や狼煙場《のろしば》、南、東、北など8つの城門、6つの水門の構造、さらに城壁の成り立ちなどを説明板でゆっくり読みとろう。

　遊歩道を北に歩いて、最も北の**屏風折《びょうぶお》れ石垣**の上に出る。眺望がよく、休憩に適したところで、眼下に血吸《ちすい》川、足守《あしもり》川中流の平野、かつての港だった吉備津《きびつ》、全国第4位の規模を誇る前方後円墳の造《つくり》山《やま》古墳、備中国分寺、国分尼寺の

鬼の差上げ岩

■鉄道・バス
往路・復路＝JR吉備線服部駅が起点・終点駅。鬼城山ビジターセンターまでは約5・5㌔、1時間30分。

■マイカー
岡山自動車道総社ICから国道180号を西に向かう。国分寺口を右折し、岡山自動車道の下を通って右折、砂川公園入口へ。公園内を通り、狭い急な道を上がるとビジターセンターに着く。

■登山適期
暑い6〜9月を避ければいつでもよい。

■アドバイス

山手一帯から、遠く海を隔てた四国の屋島《やしま》も望める。

休憩後、温羅遺跡の石碑を通って、鬼ノ城の裏門にあたる北門にいたる。この北門は、門の真中に排水溝がある特殊な構造をもつ。

北門をあとに総社ふるさと・自然の道を**市道**まで下り、岩屋への旧道を登る。かつての美しい棚田は雑草に覆われ、営々と積まれた石垣の姿が痛々しい。

岩屋駐車場に着いたら、**岩屋《いわや》観音堂**、鬼《おに》の差上《さしあ》げ岩《いわ》を訪ねてみよう。岩の右側を登れば、岡山空港を発着する航空機の姿が見える。八畳岩《はちじょういわ》を通り、八十八箇所めぐりの道を馬頭《ばとう》観音まで下りていく。

岩切《いわきり》観音をすぎれば**皇《みかど》の墓**は近い。皇の墓から引き返し、**岩屋駐車場**、登ってきた棚田のなかの旧道を戻り、**市道**に出て、総社ふるさと・自然の道を**ビジターセンター**に帰る。マイカー以外の登山者は、さらに服部駅まで長い下り道を歩く。

（河合卯平）

CHECK POINT

1 鬼ノ城山ビジターセンター

2 西門と角楼

3 屏風折れ石垣

4 皇の墓

▽鬼ノ城に構える温羅と、吉備の中山に布陣する吉備津彦命が戦い、矢傷を負った温羅は大雨を降らせ、増水した川をコイに変身して海に逃れようとした。命は鵜に姿を変え、温羅のコイを食らった。その場所には鯉食神社が置かれている。このため、川はコイの鮮血で深紅に染まったという。即ち血吸川だ。

▽血吸川源流の沢登り5時間コースは、簡単な徒渉あり、よじ登る小さな滝あり、流れに濡れた岩の上を伝うこともあり、やや経験のある登山者向き。最近は巻道もつくられ、しっかりしたリーダーがいれば、初心者でも遡行することができる。ビジターセンター（40分）南・東門跡（30分）阿弥陀原（10分）血吸川沢入口（1時間10分）沢登り終了地点（5分）市道（20分）岩屋駐車場。

▽皇の墓は701年大宝律令制定時の文武天皇の皇子であり、岩屋寺の開祖・善通大師の墓という。この無縫塔（卵塔）は鎌倉～室町時代初期の作。

■問合せ先

総社市役所☎0866・92・8200、総社市鬼城山ビジターセンター☎0866・99・8566、国民宿舎サンロード吉備路（温泉）☎0866・99・8566

■2万5000分ノ1地形図

総社東部

40

米相場を旗振りで中継・伝達した展望の峰

天狗山

てんぐやま
392m

日帰り

歩行時間＝3時間45分
歩行距離＝6・5km

技術度
体力度

コース定数＝13
標高差＝378m
累積標高差 450m 450m

潮見橋から見るどっしりとした山容の天狗山。独立した山なので、展望が抜群。鉄橋はJR赤穂線

JR赤穂《あこう》線寒河《そうご》駅をあとに国道250号を横切って進むと「赤穂往来」とよばれた旧道に入る。狭い通りの両側に落ち着いた家並みが続く。左に行けば西願寺《さいがんじ》だが、ここでは右に寒河八幡宮に向かう。神社のりっぱな門柱をくぐっていくと、本殿右側に南極観測船白瀬が持ち帰った南極の石がある。本殿に拝礼して左側の小祠前を進むと登山道入口となる。海抜数メートルからの登山で、正味の標高差で380㍍近い登りとなる。

背丈よりやや高い雑木林の中の登山道を行き、配水池をすぎて勾配が増した尾根筋を登る。撤去された**アンテナ中継所跡**をすぎるころには視界が開け、奈良時代から「備前国邑久郡上方郷寒川里」として登録された寒河平野が見下ろせるようになる。

神社を出発して約1時間で**六合目**（260㍍）の標識に着く。右側は深い谷となっていて、登山道は急で、シダやイバラが足にまとわりついてくる。頂上手前の前山《まえやま》付近になると緩やかとなり、いったん鞍部に下って**天狗山**頂上に着く。

頂上はやや広く、大きな岩が2箇所あり、平たい岩の上に三角点が埋めこまれている。眺めはすばらしく、正面に鹿久居《かくい》島など日生《ひなせ》諸島の島々、その向こうに小豆島《しょうどしま》、東は家島《いえしま》諸島、遠く明石《あかし》大橋、南には四国の山並み、北は中国山地、東は兵庫の山々。まさに360度のパノラマだ。

この展望を利用して、江戸時代中期から大正時代まで旗振りによ

■**鉄道・バス**
往路・復路＝JR赤穂線寒河駅が基点。バスの場合は、岡山駅から宇野バスで片上まで行き、備前バスに乗り換えて寒河中バス停で下車する。

■**マイカー**
山陽自動車道備前ICから国道250号で寒河へ。駐車は許可を得てコミュニティセンター前の駐車場を利用する。

■**登山適期**
梅雨期の6月下旬、暑い7～9月は避け、花と新緑の4～5月、紅葉の11～12月がベスト。

■**アドバイス**
▽旗振通信については、2006年に発刊された柴田昭彦氏の著書『旗振り山』（ナカニシヤ出版）が詳しい。
▽加子浦歴史文化館（☎0869・72・9026）では日生の歴史・文化を展示。
▽五味の市では新鮮な魚介類が購入できる。問合せは日生町漁業協同組合（☎0869・72・3655）へ。

■**問合せ先**
備前市日生総合支所☎0869・72・1101、宇野バス岡山営業所☎086・225・3311、備前バス☎0869・67・1555

■**2万5000分ノ1地形図**
備前三石・日生

CHECK POINT

1

登山口の寒河八幡宮。門柱に漢文が彫られている

2

四合目の道標

3

米相場の旗振り信号を行った天狗山山頂

4

沢下り。増水時は要注意

西峰から奥池を見る。改修用道路があり、池まで車で上がる

って大阪堂島《どうじま》の米相場を全国に伝える通信が行われた。ここでは赤穂市の高山《たかやま》からの旗振りを望遠鏡で確認し、西の熊山《くまやま》と西大平山《にしおおひらやま》に信号を送ったと考えられる。

下山は、頂上広場の北西隅から急斜面を下りる。雑木林の中を木々につかまりながら鞍部まで下り、三峰越《みつみねごえ》に登り返し、**中峰**《なかみね》、さらに西峰《にしみね》へアップダウンを繰り返す。登山路は備前《びぜん》市の旧町界に沿っていて、低い雑木で眺めもよく、天狗山への登山路がよく見える。

まもなく三《み》ツ池のひとつの大きな**奥池**が見え、これを目指して下る。中池、下池ともに灌漑用の貯水池で、最近改修されたようで明るく、池のほとりを歩くのが楽しい。

下池からちょっとした沢下りが楽しめる。約30〜40分かかるが、慎重に下りたい。とくに増水時には要注意だ。**舗装道路**に出たら東に歩く。20分でコミュニティセンター、さらに八幡宮を見て右に曲がり、国道を横切って**寒河駅**に着く。（河合卯平）

41 熊山

くまやま
509

日帰り

熊山遺跡などの史跡をめぐり、古来より崇敬を集める霊峰へ

歩行時間＝3時間55分
歩行距離＝12・0km

技術度

体力度

コース定数＝18	
標高差＝491m	
累積標高差	740m
	740m

熊山は岡山県南東部で最も高い山で、四季を通じて山歩きが楽しめる。古くは霊峰として栄えており、山頂近くには国指定の熊山遺跡がある。全国でも類をみない石積みの遺構で、方形の基壇の上に石を盛って三段に構築され、中段の四隅に祭神を祀る場所がある。

登山ルートは、麓の集落からの参道が今でも登山道として利用されている。JR山陽本線熊山駅から登り、JR赤穂《あこう》線伊部《いんべ》駅へ下るポピュラーなルートを紹介する。

熊山駅前のT字路を左折、しばらく行くと駐車場がある。左に進み、JR山陽本線のガードをくぐり抜けると、正面に熊山登山口の大きな案内板が目に入る。

案内板の前を通り、集落をすぎて山道に入る。道すがら「熊山登山道」の道標があり、迷うことはない。沢沿いに雑木林の中を登ると、尾根上の**赤松《あかまつ》峠**に出る。前方の樹間から熊山の山稜が見える。

尾根を左にとり、巻くように登っていくと前方が開け、舗装された林道に出合う。この林道を10メートルほど行き、再び山道に入る。少し登ると**五合目**の展望台だ。熊山の町が見わたせる。

↑吉井川の向こうに熊山を望む

←熊山山頂近くにある熊山遺跡。全国でも類を見ない石積みの遺構

■鉄道・バス

往路＝JR山陽本線熊山駅が起点となる。

復路＝JR赤穂線伊部駅から帰途につく。

■マイカー

熊山駅そばの吉井川に面して広い駐車場があり、利用できる。岡山駅から県道27号、96号などで約27キロ。伊部駅周辺には有料の駐車場がいくつかある。岡山駅から国道2号を走る。約33キロ。

■登山適期

4～5月はコバノミツバツツジが全山に咲き誇り、花を楽しむことができる。このころは新緑も美しい。夏期は暑さが厳しい。

■アドバイス

▽熊山は、東西南北どちらからでも登れる。東からJR和気駅を起点に論山を越え熊山へ（健脚向き）。西からはJR万富駅から熊山へ。南からはJR赤穂線香登駅から毘沙門堂、油滝神社を熊山へと、体力に応じてそれぞれのルートを組み合わせることもできる。

▽2等三角点はNTT中継所が建っているピークにある。

▽秋のマツタケシーズンには、山道以外には入らないよう注意のこと。

▽備前の里・伊部では備前焼のウインドウショッピングも楽しめる。

■問合せ先

急坂を登りきると緩やかな道となり、正面に杉の木立に覆われた熊山山頂が見えてくる。わずかに下り、登り返すと舗装された林道に出る。向かいの道標にしたがって山道に入る。

すぐ二《ふた》ツ井戸《いど》（龍神陰陽水《りゅうじんいんようすい》）の水場がある。その前を通り、さらに進むと道は左右に分かれる。右に登ると**熊山**山頂だ。一角に熊山神社がある。

　ひと休みしたら、広い参道を下り、先ほど分かれた道に出て熊山遺跡広場へ進む。広場西側に石積みの**熊山遺跡**がある。さらに南に行き、展望広場に出ると、南に瀬戸内海に浮かぶ小豆島《しょうどしま》などの島々や四国の山並み、東に播磨灘《はりまなだ》が望まれる。

　遺跡広場をあとに、来た道を引き返す。**熊山神社**を左に見ながら山頂駐車場へ向かう。駐車場からは東へ、舗装された林道を進む。しばらく行き、舗装林道と分かれて防火林道に入り、さらに東に歩をのばす。425㍍のピークを越え、**伊部分岐**から右へ南下する。途中、傾斜のきつい場所もあるので、注意して下ろう。

　やがて屏風岩乗越《びょうぶいわのっこし》に着く。鉄塔の手前を左に下って、**林道鬼《おに》ヶ城《じょう》線**に出る。林道を不老《ふろう》川沿いに下り、旧山陽道の伊部橋を左に折れ、備前《びぜん》焼の窯元が並ぶ街の中を**伊部駅**へ向かう。

（岡本忠良）


備前市役所☎0869・64・3301、赤磐市役所熊山支所☎086・995・1211
■2万5000分ノ1地形図
和気・万富・片上・備前瀬戸

五合目から熊山の街を俯瞰する

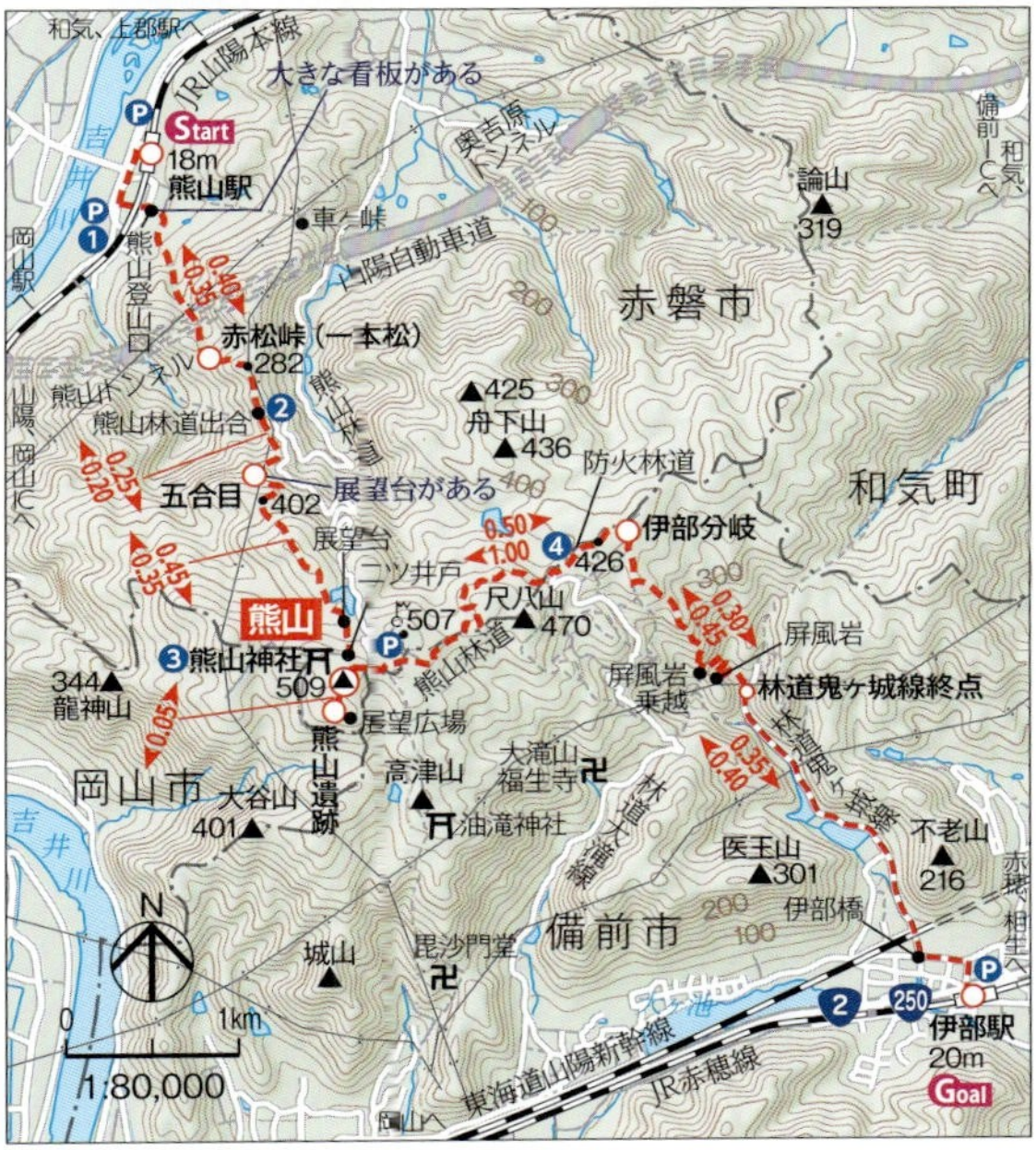

CHECK POINT

熊山駅前駐車場脇に道標がある

熊山林道と出合う広場

熊山山頂の熊山神社

林道と分かれて防火林道を進む

←旭川の土手から望む龍ノ口山連峰。左が八幡宮山、右が龍ノ口山

←山頂より瀬戸内海方面を望む。好天時には岡山市街地はもちろん、金甲山や貝殻山、小豆島、時には四国の山も見える

42

龍ノ口山

気軽に山歩きと森林浴が楽しめる山

たつのくちやま
257m

日帰り

歩行時間＝2時間
歩行距離＝4・5km

技術度 ★☆☆☆☆
体力度 ★☆☆☆☆

コース定数＝**9**	
標高差＝245m	
累積標高差	↗380m ↘380m

龍ノ口山は、岡山市街地北東部に連なる山々のひとつである。岡山県が平成改元を記念し、都市近郊の森林公園として龍ノ口山付近一帯を整備、龍ノ口グリーンシャワー公園として、指導標識や登山道などが整えられた。山頂より少し北側の220㍍峰には、古くから受験の神様として知られている龍ノ口八幡宮がある。境内は戦国時代の山城跡で、寛文3（1661）年に岡山城主の池田光政が戦いの神様として八幡宮を祀ったのがはじめとされている。

龍ノ口山グリーンシャワー公園の駐車場北端にある**登山口**より登山を開始する。ここより南展望広場までは適度な登り斜面で、よく整備された登山道が続き、体力に応じたスピードで登山を楽しむことができる。4月中旬から下旬にかけてはコバノミツバツツジが見られる。

南展望広場にはベンチが整備されているので、ひと息入れていこう。5分ほど進んだ右側の崖上に毘沙門天《びしゃもんてん》を祀った小祠があり、岡山城や後楽園《こうらくえん》方面が一望できる。

ゴツゴツした岩場を下る

祠をすぎていったん下り、登り返すと、まもなくこのコースの最高点の**龍ノ口山**山頂に着く。南側の眺めがすばらしく、岡山市街地のほか、旭《あさひ》川、吉井《よしい》川、百間《ひゃっけん》川の河口や、児島《こじま》湾、瀬戸内海、さら

■鉄道・バス
往路・復路＝JR岡山駅または天満屋BSから両備バス旭川荘行きで終点手前の中の原バス停で下車。バスの本数が少ないので、事前に問い合わせが必要。

■マイカー
岡山駅から県道96号などを北上し、祇園西交差点で県道219号に合流、約450㍍走り、中原交差点を右折して龍ノ口グリーンシャワーの森駐車場へ。岡山駅から約8㌔。

■登山適期

に児島半島の山々が遠望できる。ゆっくりできる場所だ。

下山は、龍ノ口八幡宮方面に下り、グリーンシャワー公園と四御《しのご》神《ぜ》方面への分かれ道を八幡宮へ進む。ゴツゴツした岩の多い道となるので要注意。少し寄り道になるが、**八幡宮**に参拝するのもよい。境内を出て右に、平坦な道を少し行くとパッと前面が開けて、ゴツゴツした急な岩場の下りになる。景観はよいが、足もとには充分注意したい。このあたりにもコバノミツバツツジが見られる。

八幡宮登山口の**大鳥居**に着いたら南に段原の集落を抜け、グリーンシャワー公園正門前を右折して**駐車場**に戻る。

（武田昌策）

CHECK POINT

駐車場の北端にある登山口

南展望広場。展望はよくない

高原の気分が味わえる山頂広場

龍ノ口八幡宮に参拝していこう

新緑と紅葉の時期が最適だが、園内には約70種170本のツバキがあり、積雪がほとんどないので冬期も楽しむことができる。年末年始は八幡宮への参拝者が多い。

■アドバイス

▽公園内より山頂までの登山道は数本あり、どれもよく整備され、分岐点には指導標が設置されている。山頂往復のみの所要時間は約1時間。

▽公園内には外国産を含めて約250種の樹木が生育している。キジ、ホトトギス、メジロ、ジョウビタキ、ウグイス、エナガなどの野鳥74種類も確認されている。

▽毘沙門天堂は天正元年春（1573年）宇喜多直家が岡山城築城の時、武運長久と城下の繁栄を願って建てたといわれている。

▽下山に湯迫（ゆば）方面のコースをとるのもよい。浄土寺、関白屋敷跡、賞田廃寺跡などの史跡があり、温泉施設の湯迫温泉もある。岡山駅行きの宇野バス四御神線が近くを通っている。

■問合せ先

岡山市役所☎086・803・1000、両備バス☎086・232・2116、宇野バス☎086・225・3311、湯迫温泉白雲閣☎086・279・0545

■2万5000分ノ1地形図

岡山北部

43

操山

古墳や史跡を見学しながら里山歩きを楽しむ

みさおやま
169m

日帰り

歩行時間＝3時間55分
歩行距離＝9・5km

技術度 体力度

コース定数＝**16**

標高差＝147 m

累積標高差 575 m 575 m

後楽園近くの旭川土手から見た操山山系と岡山城

　操山は岡山市街地東部にあって、岡山市民に親しまれ、なじみの深い山である。標高169メートルのなだらかな中生代後期～後世代初期の花崗岩類で形成され、山中には4～5世紀ごろの古墳が150基も確認され、文化財の宝庫でもある。山全体がコナラやカクレミノ、ヤマモモ、カナメモチなどの樹木に覆われている。操山公園里山センターが開設され、登山道や案内板が整備されている。

　里山センターの駐車場を基点として、西の操山から東の笠井山《かさいやま》までのコースを歩いてみよう。途中には案内板や解説板があるので初心者でも安心して歩ける。

　操山公園里山センターから少し下り、民家の間を抜ける。急坂はあるが、変化に富んだ恩徳寺《おんとくじ》、**明禅寺《みょうぜんじ》城跡**経由のコース（ふれあいの辻《つじ》経由のコースもとれる）で萩《はぎ》の塚《つか》古墳に向かう。ここからまもなく**操山**山頂に着く。樹木に覆われているため山頂といった感じはしない。

　このあたりから他の山ではあまり見られないカナメモチのトンネルが続く。少し急な階段を下りてしばらく進み、左に折れて**三勲《さんくん》神社跡**の展望所に行く。岡山市街の眺めがすばらしく、付近はコバノミツバツツジが多い。

　来た道を100メートルばかり引き返し、右に折れて**奥市《おくいち》登山口**に向かって階段を下る。マイカー以外の人はこの奥市登山口から登山を開始すればよい。

　登山口から緩やかな坂を登り、ふれあいの辻経由で**旗振《はたふ》り台《だい》古墳跡**に行く。休憩舎があり、南側の瀬戸《せと》内海方面の展望がよい。江戸時代後期より明治後期ごろまで、大阪の米相場を旗振り信号で中継した場所といわれている。

　少し下り、右側に道をとり、**八《はち》畳岩《じょういわ》古墳**を通り、**円山《まるやま》不動明王**に着く。この途中にある双股《ふたまた》古墳、金蔵山《かなくらやま》古墳は見ておきたい。

■**鉄道・バス**
往路・復路＝公共交通機関を利用する場合は、岡山駅または天満屋バスステーションより両備バス西大寺行きで護国神社前バス停下車、奥市登山口から歩く。

■**マイカー**
国道250号（旧国道2号）の百間川橋交差点を南に曲がり、百間川にかかる沢田橋を渡って南に進む。里山センターの駐車場に向かう。

■**登山適期**
年間を通じて楽しむことができるが、4月中旬～下旬のコバノミツバツツジの咲くころ、新緑の時期、11月下旬から12月初旬の紅葉の時期が最適だ。冬期も晴天の時は寒風もあまりあたらず、展望もよいので楽しむことができる。

■**アドバイス**
▽操山公園里山センターは平成11年11月に里山保全のため開設され、登山教室や自然保護に関する行事などが定期的に行われている。操山山系

笠井山、ごろごろ大師方面を示す案内板にしたがってしばらく進み、竹林を通って**笠井山**に着く。山頂からは岡山市街地北部を眺めることができ、遠景の説明板がある。

下山は、登ってきた道を下り、竹林を抜けたところから南に下って、曹源寺《そうげんじ》に向かう。厳かな感じのする**曹源寺**境内を横切り、西の端の階段を登り、急坂のやや悪い細道を進む。やがて三重の塔の柵に出るが、通り抜けができないので、柵の手前にある細い巻道を通り、**円山不動明王**に出る。あとは来た道を引き返し、途中から右に曲がって、**里山センター**に帰る。

（武田昌策）

CHECK POINT

1 里山センター。操山の資料が豊富にあり、ゆっくりできる

2 カナメモチのトンネルが630メートルほど続く

3 三勲神社跡から岡山市街地を眺める

4 曹源寺。備前第一の木造建築。屋根瓦が美しい

に関するあらゆる資料が豊富に整備され、四季折々の写真も展示されている。岡山市公園協会のHPにハイキングコースや史跡・古墳の場所を示したガイドマップのページがある。

▽明禅寺城跡は戦国時代の永禄9（1566）年、宇喜多直家が明禅寺の跡に、三村元親の軍勢と戦うために築いたとされている。一度は三村勢に奪われたが奪い返し、岡山進出の地歩を築いた城だ。

▽金蔵山古墳は、墳長165メートルで、岡山県下4位の規模の前方後円墳。小さな開口部があり、中を観察できる。埴輪や刀剣などの出土品は倉敷考古館にある。

▽双股古墳は全国でも珍しいY字型の横穴式石室墳。主室長5・1メートル、幅1・2メートル、高さ1・7メートル。副室長4・3メートル、幅1・3メートル、高さ1・3メートル。副室はかなり崩壊している。

▽曹源寺は、岡山藩主池田家の菩提寺で、池田綱政が父の光政と祖父の信輝の菩提を弔うため建立した臨済宗の禅寺。備前第一の木造建築で、庭園も美しい。

■問合せ先

岡山市役所☎086・803・1000、操山公園里山センター☎086・270・3308、両備バス☎086・232・2116

■2万5000分ノ1地形図

岡山南部

44 幸山と福山、2つ合せて幸福の山

日帰り 福山 ふくやま 302m

- Ⓐ幸山コース　歩行時間＝2時間　歩行距離＝3・5㎞　技術度　体力度
- Ⓑ西郡コース　歩行時間＝1時間40分　歩行距離＝3・0㎞　技術度　体力度
- Ⓒ浅原コース　歩行時間＝1時間40分　歩行距離＝3・5㎞　技術度　体力度
- Ⓓ直登コース　歩行時間＝1時間10分　歩行距離＝2・0㎞　技術度　体力度

コース定数
Ⓐ7 Ⓑ7 Ⓒ6 Ⓓ5

標高差＝
Ⓐ262m Ⓑ258m Ⓒ228m Ⓓ267m

累積標高差
Ⓐ ↗285m ↘285m
Ⓑ ↗275m ↘275m
Ⓒ ↗225m ↘225m
Ⓓ ↗255m ↘255m

↑総社側のふれあい広場から見る福山全景

高梁川の河川敷から川越しに福山を見る

福山は県南部、倉敷《くらしき》市と総社《そうじゃ》市にまたがる、身近で親しみのある山だ。4つのルートと周遊コースがあり、いずれの登山ルートもよく整えられていて、多くの人が健康維持や促進のために登っている。なかには1000回登山を目指して登っている人たちもいるそうだ。ここでは各コースを簡単に紹介しよう。

Ⓐ幸山《こうざん》コース　北側の**総社ふれあい広場**から出発するコース。0・5㌔、約30

■鉄道・バス
往路・復路＝ふれあい広場や西郡登山口へはJR山陰本線倉敷駅から中鉄バスの総社行きに乗り、西郡バス停で下車。歴史広場、安養寺へはJR伯備線総社駅、清音駅からはタクシー利用が最適。

■マイカー
ふれあい広場、歴史広場、安養寺の各登山口には駐車場があり、総社駅から4〜6㌔、倉敷ICから3〜6㌔の距離。

■登山適期
四季を通じていつでも山歩きが楽しめるが、夏期は暑さが厳しく、避けたいところだ。

■アドバイス
▽Ⓓのルート入口に木をチップにしたものが準備されている。山の所有者への心配りと登山道保護のために用いられるものだ。各自が持参のビニール袋に入れて、道々にまくようにしている。
▽近辺に学術調査され、発掘・復元が図られている鬼ノ城山がある。公園も整い、道路事情もいいので、ぜひ訪ねてみてほしい。39鬼ノ城山の項を参照。

■問合せ先
総社市役所清音支所☎0866・94・0111、中鉄バス☎086・222・6601、日の丸タクシー☎0866・98・1288、備北タク

CHECK POINT

1 ふれあい広場前のバス停。案内板がある

2 歴史広場の駐車場。民間の土地のコースなので気をつけたい

3 直登コースの登山道。階段が整備されている

4 城跡の福山山頂。三角点や碑がある

分で巨岩展望台にもなっている**幸山**にいたる。吉備路《きびじ》の里の眺望コースで、歴史ロマンあふれる光景を目にすることができる。前方後円墳の丘、五重塔、国分寺跡、鬼《おに》ノ城山《じょうやま》の発掘・整備の状況などが眼下に広がっている。城跡からはⒷのルートと合流するか、周遊コースからⒹの直登コースをとるかだ。いずれも合流してから30分から40分の所要時間。

Ⓑ西郡《にしごおり》コース　東側の西郡集落から八畳岩《はちじょういわ》、菩薩安置道を経て展望台にいたるコース。

Ⓒ浅原《あさはら》コース　南側の倉敷市浅原安養寺《あんようじ》駐車場から登るコース。およそ1・6キロ、約90分だ。白壁の町も大きく変化をとげ、チボリ公園をはじめ、水島《みずしま》工業地域は日本有数の先端産業地帯となっていて目を見張る光景が展開する。

Ⓓ直登コース　西側、歴史広場の駐車場から峠古墳群を抜けるコース。古墳群からは山頂へ向かって0・7キロ、1234段を直登する。

各コースとも周遊コースで結ばれていて、どのコースも快適だ。おすすめはⒶとⒹのルートで、信仰や悲願をこめた人々によって何度も何度も登られている。

登り着いた**福山**頂上は眺望が開け、古い城跡、桜の大樹、松林を抜ける匂いを含んだ風、どこまでも高く澄んだ天空がすばらしい。

下山は、好みに応じて往路を下ってもよいし、別ルートをたどるのもよいだろう。（田中源三郎）

シー☎0866・92・0185
■2万5000分ノ1地形図
倉敷

45

はるかなる宇宙の光と声が届く連峰

阿部山・竹林寺山・遙照山

日帰り

歩行時間＝3時間40分
歩行距離＝10.5km

技術度
体力度

あべさん 397m
ちくりんじさん 364m
ようしょうざん 405m

コース定数＝**15**
標高差＝125m
累積標高差 535m 535m

紹介する三山は、県南西部の浅《あさ》口《くち》市と矢掛《やかげ》町にまたがり、背後に中国山地を望む花崗岩の連峰である。ところどころに巨岩が顔をみせ、化石が発見されたこともある。旧山陽道の歴史をとどめていて、生活道が整い、天文台をはじめ、温泉や開墾地が開けている。

←鴨方ICから見る阿部山、竹林寺山、遙照山

←竹林寺山山頂の展望台。188センチ反射赤道儀望遠鏡を中心に、天体観測が行われている。隣接する岡山天文博物館には、観測所の構造や機能を紹介している展示館のほか、プラネタリウムの施設もある

登山ルートは、北面の矢掛町側からたどるとおもしろい。小田《おだ》川沿いを井原《いはら》鉄道に沿って矢掛町内に入る。矢掛町にかかる弦《げん》橋で小田川を渡り、里山田《さとやまだ》の集落を南に抜ける。坂道に入ると山上に天文台の姿が見え、中腹に突き出た巨岩が見えてくる。

近年開通した遙照山トンネルの手前で左手の旧道に入る。遙照山への生活道だ。50メートルほどで公園の案内板が見うけられる。この車道を3キロほど進むと広い**ヤッホー公園**の一角に着く。

ここが登山口となっていて、中国山地の山々、小田川、矢掛町全体を見わたせる。園内の地蔵《じぞう》岩は縦横50メートルのせり出した巨岩で、ついピトンの音を響かせたくなるほど魅力的だ。展望台が整い、見上

■鉄道・バス
往路・復路＝登山口や周辺へのバス路線はないため、井原鉄道矢掛駅やJR金光駅、鴨方駅からタクシーを利用する。下山時の予約もわすれずに。矢掛駅から歩く場合は9・4キロ、2時間15分前後。

■マイカー
山陽自動車道鴨方ICから県道64号を北に向かい、遙照山トンネルのすぐ先で右に旧道に入り、ヤッホー公園駐車場へ。約6キロ。

■登山適期
夏は暑いので避けた方がよい。春と秋が最適で、キャンプを楽しむ人も多い。

■アドバイス
▽連山への登山コースはほかに、北面の阿部山から南下して縦走するコースも登山らしい雰囲気があって、楽しい。
▽遙照山に藤波池畔キャンプ場がある。天文台が設置されているだけに、夜景と夜空は天下一品。一夜をキャンプ場ですごすことをおすすめする。
▽竹林寺山頂には、天文台に隣接して浅口市営の岡山天文博物館がある。天文台の施設や研究成果を紹介する展示室のほか、プラネタリウムや太陽観測室などの諸施設からなっていて、ホールでは天文に関するビデオの上映もしている。
▽山麓のかもがた町家（まちや）公

げるとその大きさに圧倒される。

準備が整ったら出発しよう。整備された階段の登山道を行く。ここは竹林寺山北面で、斜面は手入れされ、開発されている。

200メートルほど登ったところで道が**分岐**し、案内板が設置されている。左は竹林寺山だが、最初に右手に登り、阿部山を目指そう。開墾地の中に続く林道を3キロあまりたどっていく。南面に瀬戸《せと》内海から続く工業地帯、山陽道、鉄道、街々が見わたせる。およそ50分で**阿部山**山頂に立つことができる。

ひと休みしたら、往路を竹林寺山の**分岐**に戻り、さらに尾根に沿って1キロほど登れば**竹林寺山**に着く。山頂の一角に駐車場と東洋一の巨大な望遠鏡を備えた天文台がある。

天文博物館館などの見学を終えたら、遙照山への道をたどる。ヘルシーロードといわれる約3キロのコースで、およそ1時間で**遙照山**山頂だ。

下山は、車の場合は往路を引き返し、駐車した**ヤッホー公園**の登山口に戻る。　（田中源三郎）

園（☎0865・45・8040）には、ふれあいの館、伝統植物園、郷土の館、伝承館、交流館、町家そうめん休み処などがあり、立ち寄って休憩していくとよいだろう。

▽遙照山の南東直下に遙照山温泉☎0865・42・6611があり、入浴できる（9～16時）。

■問合せ先

浅口市役所☎0865・44・7000、矢掛町役場☎0866・82・1010、矢掛町観光協会☎0866・83・3318、岡山天文博物館☎0865・44・2465

■2万5000分ノ1地形図

笠岡・矢掛

CHECK POINT

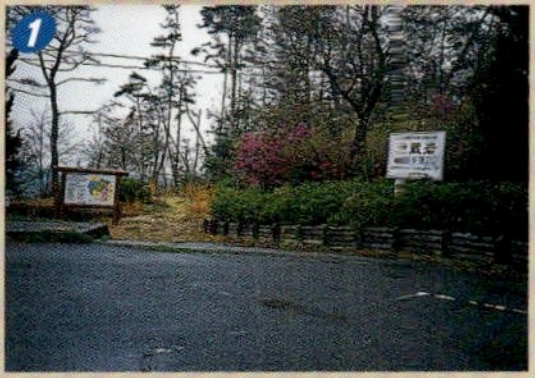

1 出発地点のヤッホー公園

2 阿部山山頂付近は畑が広がる

3 樹林に囲まれた阿部山山頂

遥照山山頂にある三角点

↑瀬戸内海から見る御嶽山は桜の季節と紅葉のころが美しい

←対岸の神島から見る御嶽山。穏やかな瀬戸内の風景が広がる

46

御嶽山

瀬戸内の展望がすばらしい石仏の山

みたけさん
320m

日帰り

歩行時間＝1時間10分
歩行距離＝3・5㎞

技術度 ■□□□□
体力度 ■□□□□

コース定数	＝6
標高差	＝200 m
累積標高差	↗290 m ↘290 m

御嶽山は県西部、笠岡《かさおか》市の瀬戸《せと》内海に面していて、写真に興味のある人にはぜひとも登ってほしい山のひとつだ。桜の季節に登れば、桜花だけではなく、それと競い合う野花や山菜、さらにはヤマバトやキジなども現れて歓迎してくれることもある。

昭和25年に瀬戸内海国立公園の特別地域に指定され、現在も環境省と県による整備が進められている。南面には、高島《たかしま》や白石島《しらいしじま》をはじめとする島々が瀬戸内屈指の絶景を展開し、北面は豊かな資源林が格好の森林浴ゾーンとなっている。

登山口周辺は花崗岩、登山道は古生代の粘板岩、頂上付近は粘板岩の地層からなっていて、桜の季節や紅葉の季節には、訪れる登山者やハイカーが多い。この季節、対岸から見る夕陽に映える山姿は神々しいまでにまぶしい。

各所から山頂を目指すコースが整備されているが、一部で山菜採りの地元の人しか通ったことのないような、やぶに覆われた道もある。近年では鳥《とり》ノ江《え》峠まで車で行き、わずかな距離の舗装道路を山頂へ向かう人がもっぱらのようだ。初心者やはじめてこの山に登る人なら、この鳥ノ江峠を起点に歩い

■鉄道・バス
往路・復路＝公共交通機関利用の場合、笠岡駅から井笠バスを利用するが、本数は少ない。夏目バス停から鳥ノ江峠までは徒歩約40分。

■マイカー
国道2号から県道47号に入って、カブトガニ博物館の案内にしたがって走る。登山口の夏目、正頭は海岸沿いの県道47号、岡南堂、土生は北麓の県道406号沿いか、少し山側に入ったところ。

■登山適期
通年で登られているが、春と秋が最もおすすめの季節。海に近いだけに、いつ行っても季節を早取りしているような、そんな山だ。

てみよう。

鳥ノ江峠まで車で上がり、ここに駐車して山頂直下まで続く舗装道路を歩いていこう。途中の幻虹《げんこう》台《だい》では、瀬戸内海の展望がすばらしい。波おだやかな季節の幻虹台は絶景の舞台だ。薄霧の朝には、沖行く船を眺めやりながら、島々が雲海に浮かぶ山々になっていくさまを見ることもできる。

あとは車道を道なりに登っていけば、わずかの時間で**御嶽山**山頂へ導かれる。山頂には小社とともに石仏が散見され、一角に三角点がある。

下山は観音コースの一部を下っていく。のんびり散策気分で歩けば出発点の**鳥ノ江峠**に下り着く。

登山道はほかにもいくつかあり、時を変え、季節を変えて、それぞれのコースを歩いてみてはいかがだろう。かつての修験の道であり、三十三体の霊場が残っている北の観音コース、三十三番札所を通る正頭《しょうとう》コース、西の土生《はぶ》コースがおすすめだ。

（田中源三郎）

CHECK POINT

1 鳥ノ江峠の駐車場

2 舗装道路沿いにある展望台

3 山頂の三角点と石仏

4 山頂は桜が美しい

■アドバイス

▽笠岡湾の海岸は、生きている化石といわれるカブトガニの繁殖地として知られている。生態についてはカブトガニ博物館（☎0865・67・2477）で詳しく知ることができる。

カブトガニ博物館

▽笠岡市と橋で結ばれている神島には、ミニ八十八箇所めぐりがある。川柳の好きな人なら日光寺の石碑群を訪れてみるとよい。

▽各登山口からの参考タイムは以下の通り。岡南堂（1時間30分↓↑1時間）山頂、土生（1時間10分↓↑50分）山頂、正頭（1時間30分↓↑1時間）山頂。

■問合せ先

笠岡市役所☎0865・69・2121、井笠バス本社☎084・953・5391、三洋汽船☎0865・62・2866

■2万5000分ノ1地形図

寄島

47

児島湾締切堤防から登り、2山を縦走
怒塚山・金甲山

日帰り

いかづかやま 332m
きんこうざん 403m

歩行時間＝4時間25分
歩行距離＝7・0km

技術度 1/5
体力度 1/5

コース定数＝**16**	
標高差＝398m	
累積標高差	↗550m ↘550m

山頂にテレビ塔が立ち並ぶ金甲山は、児島《こじま》半島の最高峰であり、瀬戸内海国立公園に属する景勝の地である。一方、怒塚山は金甲山の北の峰続きにあり、岡山市街地を展望する絶好の地にある。

紹介するコースは、みつがしわ山の会の地元会員が、2年をかけて踏跡程度の道を新道として改修・整備したもので、岡山市街に近く、手軽に楽しめる山歩きコースとして人気をよんでいる。

甲浦《こううら》郵便局前バス停で下車。バスの進行方向にまっすぐ歩いて、三差路を渡ると、右に10台ぐらいの駐車場がある。ここが**登山口**だ。

中国電力の送電線沿いに登っていく。歩きやすい登山道で、登るにつれて、児島湾締切堤防や岡山市街地が見えてくる。**鉄塔36号**から道は東（左）に曲がり、急な尾根道となり、やがて切り開かれた**怒塚山**山頂に着く。

登頂記念の木板に署名したら、怒塚山をあとに金甲山に向かう。アップダウンを繰り返し、電源開発線の**鉄塔127号**が中間くらいになる。しばらく歩くと、昼なお暗い樹林帯に入る。

クスノキの大樹が目立つように

←児島湾干拓地7区より望む怒塚山(左)。7区は昭和63(1988)年に完成した最後の干拓地

←登山道途中から見る児島湾締切堤防。岡山市街も望める

■**鉄道・バス**
往路・復路＝岡山駅前バス乗り場から両備バスの玉野渋川行き特急を利用、児島湾締切堤防を渡りきった甲浦郵便局前バス停で下車する。

■**マイカー**
岡山市街地を南下、児島湾締切堤防を渡って三差路を右折、すぐ山側に駐車場がある。ここが登山口。岡山駅から約12㌔。

■**登山適期**
暑い6～9月を避ければ、いつでも登ることができる。草を踏む静かなコースで、随所に道を整備した人たちの心配りが感じられる好ましいコースだ。

■**アドバイス**
▽登山口の「郡村」について、『吉備温故秘録』に「当村に大工畳屋多し。又船持ち多く廻船して業とす……漁者も多し」とあり、船は六十一艘と記されている。船をもって運送業を営み、漁師として海で活躍した「郡村」の人が、海の神様である金毘羅宮を祀ったのは当然だろう。
▽児島は、かつては藤戸海峡によって本土から離れていた「島」だったが、高梁川などの堆積作用と干拓によって、江戸時代のはじめに地続きとなったものだ。浅い児島湾は岡山藩によって新田開発が実施された。干拓工事は、その後、明治・大正・昭和と引き継がれ、1963（昭和

CHECK POINT

1

登山口。駐車場がある

2

怒塚山から金甲山を見る

3

金毘羅宮の鳥居がある

4

桜が咲く誠徳院

なると、金毘羅宮《こんぴらぐう》の鳥居が見える。この一帯はクスノキが生い茂っていて、これを伐採して日本では長い間防虫剤として使用されていた樟脳が生産されていた。金比羅宮の境内にあたるところが聖域として伐採を免れたのだろう。

金毘羅宮小祠の左の道を上がって車道に出る。この車道から晴天の日は、奥津《おくつ》の泉山《いずみがせん》が見えるという。眼下には江戸時代から続けられてきた干拓地の沃野が広がっている。登り着いた**金甲山**山頂からは、瀬戸内海の多島美を心ゆくまで堪能しよう。

下山は、金毘羅宮まで引き返し、小祠下で右に曲がり、みつがしわ新道をトラバースしながら下る。明るい谷に出ると小さな地蔵尊がある。文政12（1829）年建立で、地元の人は、この地蔵様に参ってから金毘羅様を訪ねたのだそうだ。

まっすぐ下って、一度徒渉し、さらに奥池のほとりの**誠徳院**《せいとくいん》へ。あとはクレソンが自生する清流沿いの散策路を歩き、県道に出て左折すればすぐに**登山口**に着く。

（河合卯平）

38）年まで続いていた。

▽干拓で生まれた広大な農地に必要な灌漑用水を確保するため、世界第2位の面積をもつ人工湖の児島湖が1959年に竣工した。締切堤防で淡水となり、灌漑用水は確保されたが、水質汚染、湖底のヘドロ堆積問題が発生、社会問題化しているが、下水道の整備、生活用水の浄化で年々よくなっている。

■問合せ先

岡山市役所☎086・803・1000、両備バス☎086・232・2116

■2万5000分ノ1地形図

八浜

瀬戸内海の直島諸島を望むハイキング

十禅寺山

じゅうぜんじやま

236m（金剛峰）
239m（西光峰）

日帰り

歩行時間＝2時間5分
歩行距離＝5・5km

技術度

体力度

コース定数＝8	
標高差＝224m	
累積標高差	↗260m ↘260m

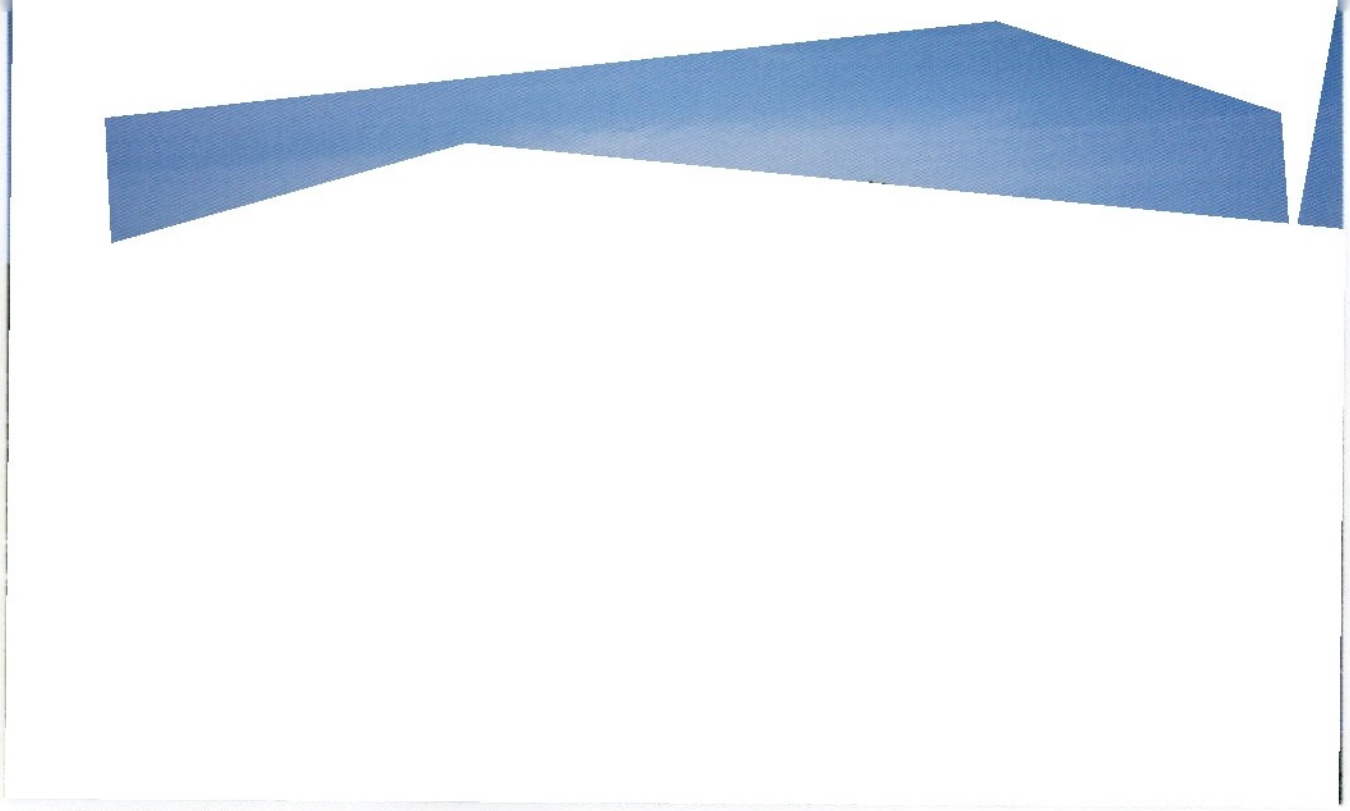

JR備前井田駅から望む十禅寺山。左の高いところが西光峰

七合目（二本松）からの展望。瀬戸の海に浮かぶ直島諸島と、その向こうに四国の山並みも望まれる

児島《こじま》半島の東部に位置する十禅寺山は、児島半島を南北に分け、玉野《たまの》市田井《たい》と八浜《はちはま》を境にしている。南に瀬戸《せと》内海に浮かぶ直島《なおしま》諸島の多島美と、その向こうに源平合戦で有名な五剣山《ごけんざん》、屋島《やしま》などの四国の峰々、北に児島湾干拓地、備前《びぜん》平野の展望が広がり、瀬戸内海国立公園に指定されている。

山頂一帯は平安の昔、山岳仏教の栄えた場所として「十禅寺」の名が残っている。現在は倒壊した民家が一軒あるのみだが、かつては十数戸が生活を営み、十禅寺集落を形成していた。

十禅寺山への登山道は、日吉《ひよし》神社の参道が東西南北からついており、道もよく整備されて、古い標石の道標も残っている。ここでは、瀬戸内海の多島美と四国連山を眺めながら登る、南からのコースを紹介しよう。

JR宇野《うの》線備前田井駅から東へ約800m《メートル》歩くと十禅寺登山口バス停に着く。バス停の手前を北に折れて、田井八幡宮の鳥居をくぐり、参道を八幡宮へ向かう。八幡宮の手前で右折し、100m《メートル》ほど行くと集落をはずれて**一合目の赤《あか》坂口《さかぐち》**だ。

舗装された道を少し登ると、右下からの車道と合流する。この車道は登山道の下を通り、山頂近くの向峠《むかいだわ》まで通じていて、車で上がることもできる。

車道から左の登山道に入る。二合目・祇園口《ぎおんぐち》をすぎ、樹間から東の出崎《でさき》半島を眺めながら進む。桜の古木が並ぶ水《みず》ノ奥《おく》池の堤をすぎると、五合目・一本松《いっぽんまつ》に着く。さらに東、南に広がる波静かな瀬戸の海や島々の展望を楽しみながら登っていく。**七合目・二本松《にほんまつ》**にはベンチが設けられ、東に小豆島《しょうどしま》、瀬戸の海に直島諸島が浮かび、そ

■鉄道・バス
往路・復路＝JR宇野線備前田井駅が起・終点。
■マイカー

CHECK POINT

1

一合目の赤坂口。舗装された道をわずかに行き、山道に入る

2

十禅寺山の最高点、西光峰

3

3等三角点がある十禅寺山山頂の金剛峰

4

地蔵嵶を左に下っていく。右に下れば元川へ

の向こうに西国の山々が望める。

小鳥のさえずりを聞きながら鶯谷をすぎると九合目・向嵶に着き、下からの車道と再び出合う。向嵶には「右・山王道《さんのうどう》」と古い石の道標が残っている。ここから山頂をめぐるコースとなる。左に登っていくと中将峰《ちゅうじょうほう》、休憩舎のある**西光峰**《さいこうほう》、不老峰《ふろうほう》を経て、3等三角点の**金剛峰**《こんごうほう》に着く。また、向嵶から竹やぶの中の道を下って屋敷跡を通り、日吉神社を経て金剛峰に行くこともできる。いずれも道標が整備され、迷うことはない。

帰路は、金剛峰から日吉神社への途中で左に折れ、山の北面を巻きながら下る。竹やぶと化した住居跡を右手に進むと、鳥居のある**地蔵嵶**《じぞうたわ》に出る。右に下ると元川《もとがわ》・八浜へ通じている。舗装された道を左に下っていく。民家が現れ、**駿河**《するが》**池**を右に見ながら、集落の中をさらに下り、県道を**備前田井駅**まで帰る。

（岡本忠良）

八幡宮参道の路肩に停めている車も見かけるが、道が狭い。備前田井駅付近の有料駐車場を利用した方がよいだろう。岡山駅から約20キロ。

■**登山適期**

通年登れるが、夏期は暑さが厳しい。春と秋・冬は格好のハイキングが楽しめる。登山道に沿って桜の古木があり、北側の山腹にはヤマザクラの巨木が点在し、古くから桜の名所として知られている。

■**アドバイス**

▽日吉神社は、山頂を少し下ったところにある。元々十禅寺は比叡山延暦寺の末寺として平安時代に山上伽藍が建てられ、現在も「あまたの坊」の名を残している。その鎮守として祀られたのが日吉神社だ。この神社への参道が登山道で、東は大藪（おおやぶ）、北は八浜から、田井からは南と西から登ることができる。現在でも古い道標が残る。

▽JR備前田井駅から西へ30〜40分歩くと、深山公園がある。自然公園として整備され、春の桜やツツジなど四季を通じて散策が楽しめる。

■**問合せ先**

玉野市役所☎0863・32・5558、玉野市観光協会☎0863・21・3486、両備バス玉野観光センター☎0863・32・2511

■**2万5000分ノ1地形図**

八浜

瀬戸内海国立公園の滝川海岸から望む王子が岳

49 王子が岳

日帰り

奇岩と瀬戸内海の展望を楽しむ

おうじがたけ 234m（新割山）

歩行時間＝2時間10分
歩行距離＝4・5km

技術度

体力度

コース定数	＝8
標高差	＝230m
累積標高差	↗315m ↘315m

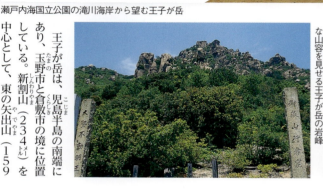

花崗岩の巨大な奇岩がそびえ立ち、異様な山容を見せる王子が岳の岩峰

　王子が岳は、児島《こじま》半島の南端にあり、玉野《たまの》市と倉敷《くらしき》市の境に位置している。新割山《しんわりやま》（234㍍）を中心として、東の矢出山《やでやま》（159㍍）などの山稜一帯を王子ヶ岳とよんでいる。瀬戸《せと》内海国立公園特別地域に指定され、奇岩重畳の王子が岳から望む内海の景観はすばらしく、県内外から多くの人々が訪れている。露出した花崗岩の大岩は、ボルダリングやクライミングのゲレンデとして、多くのクライマーが集う山でもある。

　王子が岳へは、矢出山から派生した尾根の東端にある渋川《しぶかわ》から登る。**渋川港駐車場**から国道430号を100㍍ほど西に行き、信号機を右に折れると「王子が岳登山口」の案内板があり、ここから取り付く。登山道はよく踏み固められていて、家族連れで楽しめる。

　登山口から少し登ると、背後に瀬戸内海の展望が開け、その中に浮かぶ大槌島《おおづちじま》、西には瀬戸の島々を結んでかかる瀬戸大橋が眺められる。しばらく急登すると、頭上に矢出山の大岩が見えてくる、その岩を見ながら登りきり、稜線をわずかに行くと**矢出山**山頂だ。

　矢出山からは稜線上を行く。登り下りを繰り返しながら、南に瀬戸内の多島美を、北に児島半島の山並みや備前《びぜん》平野を眺めながら進む。途中にはベンチも置かれていて、休憩するには格好だ。

　先に進むと前方に大きな**ニコニコ岩**が現れる。岩上からは、奇岩が重なる王子が岳特有の景観が楽しめる。

　さらに稜線を行くと休憩舎に着く。右の遊歩道を避けて尾根を直進すると、新割山から派生した尾根の南端で、奇岩の重なる場所に出る。絶好の展望台で、眼下に瀬戸の海を眺め、その向こうに四国の山々を望むことができる。

　展望を楽しんだらパークセンターの横を通り山頂へ向かう。**新割**

■鉄道・バス

往路・復路＝岡山からは、登山口近くのダイヤモンド瀬戸内マリンホテ

CHECK POINT

1 海抜0メートルからの登りとなる王子が岳登山口

2 矢出山からの稜線をニコニコ岩目指して登っていく

3 360度の展望が楽しめる王子が岳山頂

4 岩に仏画が描かれている修験の場

山山頂にはあずまやもあり、360度の展望台だ。

下山は、パークセンター下まで行き、右手の踏跡をジグザグに南に急下降する。急な下りなので足もとに注意をしよう。左頭上の奇岩を見ながら行くと、石を積み重ねた**児島修験不動之窟延寿院根本道場（修験場）**がある。近くの岩には仏画も描かれている。そのまま眼下の瀬戸内海を目指して下る。廃業した宿泊施設の横を抜け、海岸線を通る**国道430号**に出だら東に、**渋川港駐車場**まで帰る。

（岡本忠良）

ル行き特急バス（JR岡山駅前から1時間10分）が運行されていて、このバスを利用するのも便利。

■**マイカー**

瀬戸中央自動車小島ICから国道430号などで約11・5キロ、渋川港駐車場が利用できる。

■**登山適期**

四季を通じて楽しめるが、夏期は暑く、木陰もないので避けた方がよい。春は桜やツツジが咲くころ、秋から冬期にかけては大気が澄み、四国の山々、瀬戸大橋などを望むことができ、最高だ。

■**アドバイス**

▽王子が岳（新割山）山頂へは、玉野市渋川、倉敷市児島唐琴から県道が通じ、山頂付近には駐車場も整備されている。

▽帰路は、国道430号を西に行けば市営無料駐車場とトイレ、JR瀬戸大橋線児島駅行きの王子が岳登山口バス停がある。

▽渋川海岸に玉野海洋博物館、王子が岳の北東にテーマパークのおもちゃ王国がある。

■**問合せ先**

玉野市役所☎0863・32・5588、玉野市観光協会☎0863・21・3486、両備バス玉野観光センター☎0863・32・2511

■**2万5000分ノ1地形図**

宇野・下津井

●編著者紹介

黒瀬大亮（くろせ・だいすけ）

岡山県生まれ。小学生のころ、高校登山部の顧問をしていた父に連れられ、夏休みを鳥取県大山の麓で過ごしたことが山の原体験。高校時代に山岳部員として全国総体に出場し、自身が高校教員となると登山部の顧問に。顧問として全国総体に出場したり、全国総体の運営に携わったりすることを経て、現在はフリーランスで岡山県北部を拠点に、キャンプ教育や登山活動を含め、教育活動を全国各地で行っている。

●執筆者名

黒瀬大亮・山本廣康・岡本忠良・岸本伍郎・河合卯平・田中源三郎・武田昌策

＊本書は2014年5月1日発行の新・分県登山ガイド32 改訂版『岡山県の山』第3刷の各紹介記事・写真をベースに、著者の了解を得て、現状に即した内容で、一部を変更して再構成したものです。

＊本書の「概説」および❶蒜山①、❷蒜山②、㉕那岐山、サブコースの広戸仙～滝山～那岐山の一部の写真は、島根県松江市在住の写真家・岡本良治さんの協力をいただきました。

分県登山ガイド32

岡山県の山

2019年4月10日 初版第1刷発行

編著者 —— 黒瀬大亮
発行人 —— 川崎深雪
発行所 —— 株式会社 山と溪谷社
〒101-0051
東京都千代田区神田神保町1丁目105番地

■乱丁・落丁のお問合せ先
山と溪谷社自動応答サービス　TEL03-6837-5018
受付時間／10:00-12:00、13:00-17:30（土日、祝日を除く）
■内容に関するお問合せ先
山と溪谷社　TEL03-6744-1900（代表）
■書店・取次様からのお問合せ先
山と溪谷社受注センター
TEL03-6744-1919　FAX03-6744-1927
http://www.yamakei.co.jp/

印刷所 —— 大日本印刷株式会社
製本所 —— 株式会社明光社

ISBN978-4-635-02062-6

●乱丁、落丁などの不良品は送料小社負担でお取り替えいたします。
●定価はカバーに表示してあります。

●編集
WALK CORPORATION
皆方久美子
●ブック・カバーデザイン
I.D.G.
● DTP
WALK DTP Systems
水谷イタル　三好啓子
● MAP
株式会社 千秋社

■本書に掲載した地図は、国土地理院長の承認を得て、同院発行の数値地図(国土基本情報)電子国土基本図(地図情報)、数値地図(国土基本情報)電子国土基本図(地名情報)、数値地図(国土基本情報)基盤地図情報(数値標高モデル)及び数値地図(国土基本情報20万)を使用したものです。(承認番号 平30情使、第1192号)
■各紹介コースの「コース定数」および「体力度のランク」については、鹿屋体育大学教授・山本正嘉さんの指導とアドバイスに基づいて算出したものです。
■本書に掲載した歩行距離、累積標高差の計算には、DAN杉本さん作製の「カシミール3D」を利用させていただきました。